从怕学习
到爱学习

张萌 著

preface 作者序

萌姐的高效学习法，让孩子不只学习好

大家好，我是张萌——大家都叫我萌姐，一位青少年成长导师，也是高效学习的践行者和时间管理专家。了解我的人都知道，我一向专注于研究如何帮助青年人找到管理时间的方法，实现我们的高效人生。随着时间的推移，慢慢地，我发现在学习我的课程的学员当中，有很多人已经转变了身份，如有的人由职场人变成了父母。于是，他们开始重新定义自己的成长，不仅为自己学习，更重要的是开始关注孩子的学习。发现这个现象之后，我就一直在思考：怎样才能帮助这些朋友解决他们的问题呢？

在孩子的教育培养过程中，什么才是最重要的呢？是习惯、方法，还是工具？我开始深入地研究家庭教育对孩子成长的作用，并认真分析研究家庭教育和亲子的关系。

　　结合我自己的成长经历，可以毫不夸张地说，我今天的所有成就，都离不开父母早期的正面引导。对我来说，父母榜样的力量是无穷的。行动胜千言，父母的所作所为我从小就看在眼里，也在潜移默化中成就了今天的我。

　　在我很小的时候，我的父母会制订家庭读书计划，每天晚饭过后，家人就都拿出同一本书进行阅读，我们给这项活动起了一个名字，叫"同读一本书"。读完之后，每个人都会谈一谈自己的感想、受到的启发。刚开始参与这项活动的时候，小小的我即使看了很多本书，我也压根不知道怎么阐述自己的读后感。慢慢地，我开始照着爸爸妈妈的样子，对读过的书进行复盘。通过这样的方式，我明白了如何通过阅读来学习，并且将习得的知识学以致用。同时，通过饱读诗书，我能够了解很多著名历史事件和一些英雄人物，从小设立了人生的榜样，并树立了志存高远的人生目标。这个好习惯，我们家坚持了数年，是我的父母把我带进了阅读的世界，我也把这个好习惯延续了下来。后来，我开始不断地普及这种读书方法，我的很多粉丝和学生都开始共赢，变成了影响身边的力量。通过这件事，我们不难发现，父母在家庭教育以及在孩子的学习、成长当中是最关键的一环。

并不是每个家长天生就会科学地引导孩子，他们都是在亲子教育这条路上磕磕绊绊地前行，他们都很迷茫，不知道该如何处理跟孩子的关系，如何发挥家长的引导作用。市面上关于家庭教育类的图书品种非常丰富，但良莠不齐，家长难以做出恰当的选择。

为了更好地完成这本书，我曾向很多朋友虚心请教，这些人中有心理学家，也有教师、名人家长，等等。在跟他们探讨、交流之后，我们一致得出"亲子教育最重要的是启蒙孩子的思维"这一结论。

如何让孩子拥有独立的思维和自我意识呢？意识觉醒和思维独立是每一个个体在成长中必须拥有的，孩子如果没有养成良好的思维模式和思考方法，不论家长多么用功地去辅助他们，都是白费力气。这就是很多家长都觉得教育特别难实施的主要原因。

你要知道，家长是没有办法永远陪着自己的孩子的，所以要从小就培养孩子应对风险和对抗压力的能力，培养孩子独立解决问题的能力。

在本书中，我总结出孩子需要培养的"四力模型"，包括自主学习力、多元思维力、高效行动力和持续竞争力。这四力模型延伸出自主思维、成长思维、平衡思维等 21 种思维，构成了我们这本书的详细脉络。

在本书中，我们聚焦 985、211 名校以及全球知名企业共同青睐的超级人才标准，帮助家长提升孩子的四大核心学习能力，培养孩子的 21 种多元思维；也希望通过书中介绍的这一套高效学习方法，家长朋友们能让孩子们不只关心考卷上的分数，更能让孩子领跑未来人生，演绎无限可能的人生。

contents 目录

PART 1 自主学习力
不用家长督促，孩子也能爱上学习

003 / **自主思维**：孩子厌学，家长不督促就不学习怎么办？
016 / **成长思维**：孩子在学习中出现畏难情绪、逃避怎么办？
028 / **专注力思维**：孩子做事"三分钟热度"，学习总不在状态怎么办？
037 / **复核思维**：孩子粗心大意、马虎怎么办？
048 / **平衡思维**：孩子不能平衡玩和学习，沉迷于游戏怎么办？
061 / **习惯思维**：孩子表现时好时坏，怎么养成好习惯？

PART 2 多元思考力
全方位激发大脑，让孩子更聪明

077 / **逻辑思维**：孩子总是思路不清晰，做事没条理怎么办？
087 / **表达思维**：孩子表达混乱，说话颠三倒四怎么办？
099 / **故事思维**：孩子思考问题一根筋，缺乏想象力怎么办？
112 / **创新思维**：孩子总是爱钻牛角尖，敏感较真怎么办？
122 / **科学思维**：孩子偏信、盲从、没主见怎么办？

3 PART 高效行动力
从想到到做到，让孩子做事积极又高效

135 / **目标思维**：孩子做事没耐心，不能持之以恒怎么办？

147 / **效率思维**：孩子虽然很努力，但作业总是写不完怎么办？

159 / **行动力思维**：孩子想法很多，但总半途而废怎么办？

171 / **抗压思维**："得不到"或"受挫"就情绪崩溃怎么办？

184 / **边界思维**：如何让孩子有原则，具有独立思考能力？

4 PART 持续竞争力
让孩子不仅学习好，更有好未来

199 / **共赢思维**：孩子不懂分享、爱占小便宜怎么办？

210 / **团队思维**：孩子我行我素、不懂配合怎么办？

220 / **领导力思维**：如何让孩子具有独特的"气场"？

229 / **优势思维**：孩子有一颗"玻璃心"怎么办？

238 / **学习思维**：如何让孩子形成自我学习、终身学习的好品格？

247 / **萌姐与妈妈的对话**：母女有关成长的 Q&A

PART 1

**不用家长督促，
孩子也能爱上学习**

目的：以兴趣开始的游戏化学习

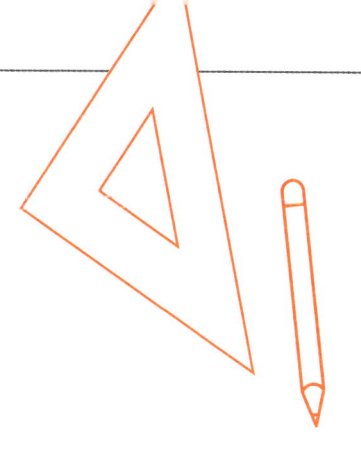

自主学习力

自主思维

孩子厌学,家长不督促就不学习怎么办?

先和大家分享一段小插曲。最近这段时间,我和粉丝朋友们通过聊天得知,这些年他们的烦恼慢慢"升级"了——从以前的"萌姐萌姐,我平时专注力不够,怎么做能更有效率呢"到现在更多的是说"萌姐萌姐,我可太愁了,孩子和学习苦大仇深的,怎么能让他爱上学习啊"。我一边感慨粉丝们都在成长,一边也在进一步思考,是不是该多关注一些这个领域,替他们分担一些苦恼。于是就有了你所看到的这本《从怕学习到爱学习》。

其实家长不用特别担心,萌姐就是从"厌学"阶段过来的——听上去是不是很不可思议?我小时候也是一个不省心的小孩儿,钢琴、英语等这些萌姐现在的"优势学科"都是靠萌妈在身边陪着，刚开始还有三分钟热度，到后面就开始逃课，一提到学东西就摇头，以至于萌妈偶尔也会感叹说，"你看看×××家的孩子"。当然，这个过程是短暂的，一个学期之后，我像换了一个人似的，每天催着妈妈带我去上课，课后还主动要求"加餐"。这是什么原因呢？是我有特别的学习天赋吗？当然不是，只是因为萌妈做了很多功课，她帮助我学会了"习惯性学习"这个方法。

什么是"习惯性学习"？说白了，就是拥有自主思维能力，也就是学习的内在驱动力。

人的思维经历着一个由低级到高级、由具体到抽象、由不完善到完善的发展过程。在人的一生中的每个阶段，思维都有其特征。瑞士儿童心理学家让·皮亚杰把儿童和青少年的认知发展划分为四个阶段：0～2岁是感知运算阶段，2～7岁是前运算阶段，7～12岁是具体运算阶段，12岁之后是形式运算阶段。我们所说的自主思维就是7岁之后开始爆发的，在这个阶段，家长们就可以开始发力了，把小朋友的自主思维能力培养渗透到日常生活中。下面我就和大家详细地讲讲**如何培养自主思维能力，我们可以从几个方面入手。**

首先也是最重要的，家长要让孩子在学习中体验到安全感。

你也许会问，这是什么意思呢？

萌姐曾经在杂志上看过这样一个实验研究，英国的科学家选取了四万张图片，请被试者观看，结果发现，那些可能会对人造成威胁的物品或环境更容易让人们厌恶。家长不妨把这个研究结论套用在孩子的学习上，想一想孩子为什么会厌学，为什么一没有大人监督，孩子就无法自主学习。因为学习这件事情在某种程度上对孩子造成了威胁，对孩子来说，学习成了一件没有安全感的事情。想一想，你和孩子之间是不是发生过这样的场景：

孩子的数学成绩在进入这学期之后一直不稳定，还有两周就要期中考试了，于是你对孩子说："这次数学一定要好好复习，如果成绩还是没有进步的话，暑假就要把数学恶补一下，计划好的暑假旅游也不能去了。"

孩子期末考试的成绩下来了，各个科目都有明显的进步，于是孩子兴高采烈地跑回家和爸爸妈妈分享。家长并没有一起庆祝，反而拿着试卷开始挑毛病："你看这道题，考试之前妈妈给你辅导过啊，怎么还是做错了？"

孩子刚刚完成作业准备放松一会儿，家长立马就开始说教："作业写完了吗？怎么现在就玩？必须好好学习，不然的话，长大以后找不到好工作的！"

类似的场景其实在很多家庭中都发生过，要么就是学习不好要受到相应的惩罚，要么就是自己明明努力了、进步了，家长却只盯着自己的缺点看；要么就是平白无故地被灌输了"不好好学习，将来就会如何如何"这样危言耸听的论调。长此以往，孩子在学习这件事情上就无法感到满足和愉悦，一提到学习，他想到的就是"惩罚""挨说""费力不讨好""找不到好工作"等这样的负面事件和情绪。你设身处地地替孩子想一想，在这种压力和威胁下，孩子当然会产生厌倦的情绪。

那么，在学习这件事上，如何建立孩子的"安全感"，让孩子在学习中体会到更多积极、正面的情绪呢？家长可以多给孩子正向反馈和激励。

科学研究证明，基于大脑奖赏回路的神经机制，要使一个行为持续进行下去，只靠内驱力是不够的，即便刚开始的时候内驱力有用，之后也会因为正向反馈和奖励的缺失，动力不足，甚至最终停摆。所以我们能看出，孩子本身有内驱力，但是当得不到正向的反馈和任何奖励时，他们的积极性很可能会受到打击，动力也会逐渐下降。这样一来，他们难以继续保持良好的行为，也就无法形成习惯。

如何学会适当给予正向反馈和激励，我有两个小建议。

第一，不是所有的行为都要给出正面反馈。很多家长肯定都用过这个方法，因为急于想要孩子养成好的学习习惯，就用给出一些承诺的方法去刺激孩子。比如，做完作业就奖励看半小时动画片，但后面慢慢会演变成每次做完作业，孩子就赖在电视机前不走，甚至要挟你再看半小时。完成作业这个行为是应该的，如果是孩子额外地做了功课，或者有特别的进步，家长可以采取这种方式。

第二，用精神奖励鼓励孩子的内驱力。精神奖励指的是父母真诚而具体地夸奖孩子的努力和成果。比如，你要发现孩子点滴的进步，并真诚、具体地给予肯定和表扬，而不是敷衍式地说"真厉害""你好棒"。你要把他们的成绩、进步记录下来并指出来，让他们明确感觉到自己哪里好、如何能做得更好，最终产生成就感，从而激发学习的内驱力，养成自主学习的好习惯。

除此之外，要培养孩子的学习兴趣和学习动力，还要从孩子喜欢和感兴趣的事物出发。

不管对孩子还是对成人，在某个阶段，自己感兴趣的事物能让自己更好地吸收相关的知识，激发学习的内驱力。苏联教育家苏霍姆林斯基也明确提出："学习兴趣是学习活动的重要动力。"

萌姐有一位朋友，有孩子之前她也是叱咤风云的职场女性，生孩子之后她经过权衡取舍，成为一位专职宝妈。孩子上了幼儿园后，她有了更多自己的时间，于是开始学习石头画和尤克里里。她上手特别快，进步也非常大，被两位老师评价"天赋异禀"，萌姐看到她的作品之后也惊叹连连。于是她告诉我，刚开始学石头画的时候，她会选择自己最喜欢的画家的画去临摹；学尤克里里的时候，她也选择自己最喜欢的曲目去练习。这样，让自己最感兴趣的事物推动着去学习，那么学习的过程就是努力而享受的过程。

她的故事让萌姐想到了自己小时候学习英语的一段经历。很多家长早早就把孩子送到了英语兴趣班，让他们按部就班地跟着老师念，并规定一天要学会几个单词。家长的这种会让孩子依赖"被安排""被告知"的做法，反而让他们缺少独立性思考，导致探索新事物的激情退却，产生"厌学"情绪。只有当学习和兴趣联系在一起的时候，才能产生学习动力。

我小时候就很喜欢去动物园，隔三岔五就会让爸妈带着我去看各种动物。萌妈有个习惯，就是每看到一只动物，她都会说这样一个句式，比如"a brown bear"（一只棕色的熊），然后看到天鹅就会冒出"a white swan"。说多了之后，我就会模仿她的句式，还会积极发问，那"长颈鹿"用英语该怎么说，"饲养员"用英语怎么表达。最后出了动物园，我已经记住了很多单词，也不会反感这样的"教学"，以至于后来我卜英语兴趣班的热情比其他小朋友都高。

萌姐当时就是把学习英语这件事和自己最感兴趣的事情结合在一起，在感兴趣的事物中进行思维开拓，从同类事物中寻找规律，再加上自己不断思考、反问，进而进行应用。一旦掌握了这种学习方式，不仅是英语表达，而且其他学习都能举一反三。

最后，让孩子自主规划学习和生活。

家长常说孩子平衡不了自己的时间，该学习的时候跑去玩，也没有时间概念。其实是你们没有给他们机会，甚至可能把原本就该是孩子自己做的事情替他们做了，没有锻炼他们的自主性，那他们在之后的学习中也会缺乏这种自律。

我们要明确，不管是学习还是娱乐，这些都是孩子自己的事情，我们要尊重他们的想法。因为他们还小，规划能力不足，我们只能协助他们，但不能完全替代他们，要让孩子参与到自己的生活安排中来，我们可以与孩子共同制定规划。

如何做规划呢？其实很简单，萌姐之前在精力管理课上提到的那些目标建立、目标拆分、复盘等内容都可以借鉴。比如，孩子在暑假制订一个学习计划，把待办事项都列出来，如写暑假作业、运动、娱乐，然后分配时间点，完成后打钩。计划制订好了就打印出来，或者手写出来，孩子在上面郑重地签字，家长拍照，然后将计划张贴在家里孩子经常活动或最醒目的地方。带着仪式感做规划，家长和孩子共同参与其中，孩子没有被紧紧相逼的压迫感，让孩子更轻松投入到自己制订的计划中。久而久之，孩子按照计划行事，也就养成了良好的学习生活习惯。

除此之外，还要引导孩子做选择和取舍，并接受最终结果。很多家长认为，人生大事上给孩子选择权就行，但当真的处于这个选择时刻，你就会感到迷茫，因为你从没有给过孩子这种机会。以我自己的经验来说，我当时选择从浙江大学退学，到成为奥运火炬手，再到现在创办"立德领导力"和"下班加油站"等品牌，每一步选择都掌握在自己手中，我能够清楚知道这些选择的后果，也会朝着自己选择的路坚持下去，这也跟小时候父母对我的引导息息相关。

培养孩子的选择能力可以从日常生活的点滴开始积累。小到穿衣，大到选朋友、选专业，家长都要给孩子选择的余地。如果怕孩子乱选、瞎选，家长就提前做好筛选和把关，可以提供几个安全选项。孩子若能选好，就能同时锻炼他们的生活自理能力和选择能力。当孩子囿于有限的经验无法做出选择时，家长就要给予必要的分析和引导：几个选项的利弊在哪里，选择之后的可能结果会是什么，如何去思考和取舍。家长教会孩子在明确目的、手段和限制条件之后，让孩子找到最优解。这种思维方式能让孩子少走很多弯路。

家长要让孩子明白，他们有选择的权利，自然就有承担后果的义务，不论结果是好是坏，自己做的选择就必须坚持下去，破坏了选择就要接受惩罚，没有得到理想中的结果也要勇敢承担。家长不要以爱的名义去剥夺孩子选择的权利,给孩子多一些选择,让他们自己做决定,让他们自己完成,让他们承担选择的后果,让他们在选择中长大。只有在不断选择和取舍中,孩子才能认清自我，知道自己想要什么。孩子有了选择，才有动力进步。

很多家长在孩子和自己沟通学习情况的时候容易犯一个错误，就是自己说得太多，甚至会喋喋不休。家长却没有意识到一个严重的问题：当你在不停地说的时候，实际上是剥夺了孩子思考和选择的机会。相反，家长适度的沉默可以更好地将选择的机会留给孩子，并且适时的沉默可以很好地提升自己的权威感。这一个小技巧，萌姐在职场中也会经常运用。

举个小例子，萌姐在开会的时候给某位下属提出了一个完成起来稍微有难度的小任务，这时候这位下属可能会给萌姐一些负面反馈，列出工作推进中的难点。萌姐在这时候一般会耐心听他讲完，当确认他的发言完毕的时候，萌姐不会立刻发表意见，而是会停顿片刻，只用目光和他交流。一般情况下，事情都会以下属"虽然工作实施起来阻力大、难点多，但是自己会尽力完成"的积极表态结束。

家长少说一些，在适当的时候用沉默去应对孩子学习上的一些问题，可以得到意想不到的正面效果。比如，孩子在写作业的过程中可能会抱怨："妈妈，今天的数学作业实在是太多了，我不想写了，太烦了！"如果遇到这种情况，是不是多数家长立马就不淡定了，立即开始数落孩子。孩子本来就因为作业多发愁，听到妈妈"念经式"数落或"狮吼型"发狂，心情多半会崩溃。

你可以试着这样来应对："是吗？今天数学作业很多呀！都留了什么啊？"这时候孩子会边回忆自己的数学作业边说给妈妈听，这个过程其实也在锻炼孩子的自主思维能力：自己记作业。在孩子说完作业之后，你可以简单说一句："确实是有点儿多！"对孩子的负面情绪表示认同，之后不用再说别的。

也许孩子在等待你的其他回应，沉默的气氛可能会让孩子接着抱怨——不想写了。你只要继续沉默。这时候孩子通常会拿出数学作业开始写，他只是想要抱怨几句，如果在情绪上得到认同，通常他不会真的不去写。毕竟孩子清楚地知道，不写作业是会被老师批评的。虽然有点儿不情愿，但是孩子还是自己做出了"去写作业"这个决定；如果是被妈妈说教之后再去写作业，那么这个"去写作业"的决定就是由妈妈做出的了,对孩子来说就是被动的。

最后提醒家长一点,孩子在学习中偶尔出现厌倦疲惫的情绪,这是一件再正常不过的事情了。如果家长这时候如临大敌,跟着焦虑,那么无疑是对孩子负面情绪的放大。这时候你不妨这样告诉孩子:厌烦和疲惫是每个人学习过程中都会出现的,爸爸妈妈在工作中也会偶尔有烦心事呢。另外,注意劳逸结合,适时地帮助孩子选择一些有益身心的休闲活动。经过家长适当的心理疏导和孩子的身心放松,孩子这种偶尔的厌倦和疲惫情绪很快就能得到缓解。

学习不是被逼迫的过程,而是一个创造的过程,从被动到主动,从发现孩子的兴趣爱好并鼓励他们,再到平衡学习和生活时间,引导他们进行选择和取舍,并接受最终结果,最后给孩子正向反馈和激励,家长会发现,孩子在这个过程中也会逐步激发出学习内驱力,成为拥有自主思维能力的小学霸。

成长思维

孩子在学习中出现畏难情绪、逃避怎么办？

我曾经收到一位妈妈的私信，她说自己上三年级的儿子对写作业这件事表现出了极大的恐惧。每次放学回家，她让孩子去写作业的时候，孩子都会泪眼汪汪地用近似乞求的语气说："妈妈，我不想写作业，写作业太难了！"这位妈妈向我求助，孩子到底为什么会对写作业这件事有如此恐惧的心理？作为家长，如何引导才能让孩子用积极的心态面对学习呢？

我发现，周围的家长朋友们都会遇到和这位妈妈相似的问题。很多孩子在学习时，一遇到问题就产生畏难情绪，总想逃避现状，不敢面对，因此变得胆小，做事总爱拖延，最后导致恶性循环。孩子越来越怕了，问题却没有解决。于是很多家长就会来问："萌姐，怎么才能帮帮孩子呢？"

我们得想想畏难的根源是什么。在面对困难和挫折时，个体一般会产生不同的思维模式。全球奖金最高教育奖得主卡罗尔·德韦克将思维模式分为两大类：一类是固定思维；一类是成长思维。畏难的孩子还没有建立成熟的成长思维，因为他们以"我就这样了""我就是学不会"的固定思维去对待困难。成长思维可以使孩子处于不断学习、不断更新认知的状态，通过后天的努力不断学习新知识、新本领，成功实现"从不懂到懂"的跨越，并学会独立处理问题、克服困难。

我小时也有畏难情绪的，就是起床这件事。是不是出乎很多人的意料？萌姐可是坚持 23 年的早起达人，怎么会对早起有畏难情绪？在我决定要好好学习冲击重点高中时，我发现早起可以让我有更多的学习时间，可我还是会睡懒觉，这让我很沮丧，我是不是就克服不了睡懒觉的坏习惯呢？萌妈知道我面临的问题之后，给我买了很多小闹钟，让我从床头摆到卧室门外，给闹钟调出"时差",闹铃每次一响我就不得不下床关掉,来回几次我就清醒了,逐渐养成了早起的好习惯,并坚持至今。这样,萌妈就在无形中让我有了"成长思维"。

回到前面的问题,孩子在学习时畏难而逃避该怎么办?萌姐觉得,这不外乎两种情况。一是作业不一定很难,但因孩子恐惧而不敢面对;二是作业和题目真的超出了孩子的能力范围,孩子处于过度焦虑的状态。在了解孩子产生畏难心理的深层原因后,接下来我就详细解读**如何在学习中引导孩子克服畏难心理,让孩子成功建立起成长思维。**

第一,让孩子有信心而不是对他埋怨指责。孩子在做作业时产生畏难心理,大多数情况下,作业不一定很难,但孩子莫名恐惧,不敢去面对,这时候我们要想一想,孩子是怕作业、怕老师,还是怕家长?

如果作业只是有点儿难度,那么,家长循循善诱地帮助孩子解决不懂的知识点就能克服畏难情绪。这里,萌姐分享一个小技巧:孩子写作业之前先做好复习工作,这样能够用更短的时间完成作业。

萌姐在小学三年级时,每次写数学作业都极其不情愿,原因就是三年级的数学难度提升了,写数学作业的时候会出现半天都解不出一道题的情况。有一次,我甚至因为没有完成数学作业被叫了家长。萌妈知道事情的原委之后,并没有责怪我,而是告诉我,她会和我一起努力想办法。萌妈告诉我,每次做数学作业之前,让我先花15分钟的时间去复习,复习的内容包括当天课上老师讲解的重点问题、需要掌握的基本数学公式,以及上一次课堂作业中出现的错题,排查一下已经学过的内容是否还有不理解的地方。磨刀不误砍柴工,这短短15分钟的复习时间,让我在做数学作业的时候更加有底气。就算遇到难题,我也能迅速反应过来,课本中哪部分是针对这种类型题目的讲解,回顾一下课本上相应的内容,一般来说就可以将题目解答出来。

如果孩子是怕老师,就需要家长帮助孩子疏导心理,了解孩子为什么会害怕老师,是老师太严厉还是不喜欢老师。有些孩子比较敏感,会因为老师喜欢或者不喜欢某一门课程。而孩子在整个教育过程中,都会面临更换老师的情况。所以，当家长发现孩子因为对老师的个人感情而对某一学科畏难、逃避的时候，需要及时引导。家长可以告诉孩子，老师首先是一个普通人，像你一样，也会有优点和缺点，不要用苛刻的眼光去要求老师。家长也可以想办法帮助孩子跟老师建立新的纽带关系。比如，家长可以和孩子说"今天妈妈见到了某位老师，老师还表扬了你"，从而让孩子对老师产生好感。

根据萌姐的观察了解，其实孩子畏难情绪的产生大多数是因为怕家长，很多家长在辅导孩子写作业时很急躁，回忆一下你是不是对孩子说过这样的话："这个你怎么都不会呀""教了你几遍了，怎么还做不对""你怎么还不去做"……如果家长经常埋怨指责，孩子当然就受不了，会产生厌烦畏难的情绪。其实家长可以设身处地地站在孩子的角度想一想，如果自己在工作中天天被领导这么说，是不是早就辞职了。无论是成年人还是孩子，当他面对困难的时候，最需要的是他人伸出援手，给予鼓励和支持，而不是一味地批评教育。因此，作为家长，一方面要调整自己的心态，了解孩子的专注力和理解力是成长阶段的正常反应，这不是他们的问题；另一方面要帮助孩子建立信心，不要带着"这个事你就是做不好"的心态去教育孩子，而是需要引导式的鼓励。比如："妈妈觉得你能做好，你看这个细节你就做得挺好的，下次再注意下另一点，你就能做得更好。"

第二，是用苏格拉底式的追问，引导孩子理解、分析困难。 有些孩子在学习的时候，一遇到不懂的问题就会向家长求助并要马上得出结果，很多家长图省事，就直接把答案告诉孩子了。孩子就是不会过程，你却直接告诉结果，最后还倒打一耙，怪孩子怎么不会。事实上，家长引导孩子去独立思考，让他自己寻找正确答案，比直接告知答案要高明得多。但我们要注意：很多时候，孩子并不知道自己哪里不会，问题到底出在哪儿。所以，引导孩子思考并不是一件简单的事情，经常有家长在引导的过程中因不得要领而陷入两难的境地。萌姐要告诉你一个方法，就是在学习辅导过程中，家长要充分掌握"苏格拉底式追问"的技巧。

相信大家都很熟悉苏格拉底，他是古希腊著名的哲学家,与柏拉图、亚里士多德并称"希腊三贤"。苏格拉底的教育方式很有意思,他不会直接给人灌输知识,而是通过不断地追问,刨根究底,激发学生原本已有的知识体系,以此产生新的知识。简单来说,苏格拉底式追问就是不断问孩子"为什么",而不是直接告诉他答案。

不少家长都会带孩子去逛动物园,在游玩之余,我们也可以用"苏格拉底式追问"的办法,锻炼孩子的逻辑思维能力。比如,在参观熊猫馆的时候,可以先询问孩子熊猫是"动物"还是"植物"。如果孩子回答是"动物",可以继续追问熊猫是"脊椎动物"还是"无脊椎动物"。之后再进一步追问,熊猫属于鱼、两栖、爬行、鸟、哺乳动物中的哪一种?这种追问方式,家长在日常生活中可以灵活运用。

第三,家长要理解15%原则,让孩子明白有点儿难度是常态,说明你正在成长。什么是15%原则呢?大家可以回忆自己小时候学习的经历。在学习时,如果接触到的全是超出我们认知范围以外的陌生知识,那么我们的大脑就容易过载，以致产生沮丧、畏难的情绪，最后很容易选择放弃。如果接触到的全是以前已经掌握的知识，那就没什么实质性的提高。所以，每次学习最好是有85%的知识是已知的，15%的知识是未知的，这样学习才能事半功倍。每次进步一点点，只要不断坚持，就能形成飞跃。萌姐小时候体育不好，跑步时总是拖后腿，后来我就每天绕操场跑圈，每天只比前一天多跑10米，一个学期坚持下来，我的长跑成绩就很优秀。

这个15%原则，萌姐也应用到了教小外甥女学英语上。萌姐的小外甥女很有语言天赋，闲暇时候，萌姐也会教她学学英语。一开始，萌姐不太了解她的英语水平，所以一上来就用英语问了几个让她摸不着头脑的问题，差点没把她急哭。后来萌姐意识到这样的问题对她来说难度太大了。于是根据她的水平，我特意运用15%原则，每次提出的问题或者给她阅读的英文内容，有一半以上都是她已经掌握的，只有大概15%是新知识。对一般的孩子来说，这15%的新知识吸收起来是绰绰有余的，所以孩子也非常有成就感。而下一次萌姐再教小外甥女学英语的时候，也会及时巩固上次那15%的新内容。经过反复练习，让她把知识内化，并再次加入15%的新内容，让她的知识储备和能力逐步得到提升。

所以，培养孩子的成长思维，需要家长在日常教育中掌握好难度，分辨好难度，不能揠苗助长。有的孩子上小学一年级刚开始接触英语，词汇量还比较少，但家长就迫不及待地拿着三、四年级的试题给孩子做，这远远超出了孩子的能力范围，不但会打击孩子的学习兴趣，还会让孩子产生错误的自我认知，形成自卑心态。

第四，问题前置，家长要提前准备，别让孩子像赶鸭子上架。需要指出的是，很多孩子在面对作业时之所以会产生畏难心理，是因为作业超出了他们的能力范围。这就是我前面说到的孩子产生畏难情绪的第二种情况。

当孩子在学习和写作业的过程中出现了大量题目不明白、不会做的情况时，家长应及时和老师沟通，了解一下到底是作业的难度超纲了，还是作业难度中等，只是孩子的知识储备出现了问题。可以向老师了解一下孩子的听课状态，同时也问一问孩子，上课的时候老师讲的内容能不能听懂。孩子在课上如果听不懂老师的授课内容，其实也分为两种不同的情况。一种情况是，孩子知识储备是够用的，只是孩子的听课习惯不好，经常出现走神、发呆、交头接耳等情况，当孩子的心思没有放在老师的讲解内容上时，对当堂课的内容，孩子肯定是无法掌握的。另一种情况是，孩子已经很努力地在理解、吸收老师的授课内容了，可就是听不懂。这种情况的根源就在于早期的启蒙教育没有做到位，导致孩子的知识储备量不足。

在别的孩子都能掌握老师课堂教导的知识时，如果你家孩子没有掌握，那很可能是早期的启蒙教育没有做到位，以致孩子专注力、理解力跟不上。等孩子与同龄人的差距出来后，这时候再追赶，就有点赶鸭子上架了。萌姐听过这样一句话：无论哪门学科，孩子在启蒙的年龄学，叫作培优；孩子因为学习成绩跟不上而不得不学，那叫补差。培优能让孩子越学越自信，而补差不仅孩子学起来吃力，也容易打击孩子的自信心。而真正能通过补差达到优秀，需要家长和孩子共同付出非常多的努力。时间和精力都是学习最重要的成本，在启蒙教育的阶段做好培优，能给孩子节省大量时间成本。

所以，萌姐认为家长一定要提前做好启蒙教育，将问题前置，培养孩子的前期优势，这样后期才不会那么费力。比如说，家长可以提前培养孩子识字阅读、语言表达、数学思考和艺术启蒙等。

美国著名心理学家本杰明·布鲁姆针对儿童的一项常年研究表明：一个人的智力在4岁前获得50%，在4~7岁之间获得30%，剩余的20%在7~17岁间获得。换句话说，17岁以前属于"可塑期"或"定型期"，而7岁前孩子的可塑性是最大的，属于塑造的"黄金年龄段"。所以家长一定要做好孩子7岁前的启蒙教育。如果启蒙教育的基础打得好，未来孩子就会越学越顺手，越学越痛快。相反，如果家长的启蒙教育做得不妥当，孩子跟不上老师的进度，在学习上肯定会产生畏难心理，从而选择逃避。

如果孩子已经出现了知识储备不足的情况，家长一定要及时行动起来，尽早解决问题，避免孩子陷入恶性循环。家长可以针对孩子的不足，制订专门的补习计划。

此部分，萌姐和大家分享了孩子在学习中为什么会产生畏难、逃避心理。而要克服学习中的畏难情绪，就需要依靠"成长思维"，通过不断学习完成"从不懂到懂"的转变。作为家长，我们也要提前准备，做好启蒙教育，让孩子赢在起跑线上。

专注力思维

孩子做事"三分钟热度"，学习总不在状态怎么办？

一说到"三分钟热度"，萌姐就想到前几天家里又因为小外甥女报兴趣班的事情吵翻了天。小外甥女才上小学，兴趣班倒是去了不少，但每次都是"三分钟热度"，今天给她报个书法班，没几天就拉倒了。明天她见同学们去学了画画，自己也想去，于是颜料买了一堆，去了一节课就把东西扔在了一边。就这样换来换去，兴趣班花钱不少，可是根本没有学习效果。这不，前几天家里开家庭会议，为了这件事，家人操碎了心，还把这个烫手的问题丢给了我，让我快出出主意。其实萌姐想告诉大家，我们家小外甥女和绝大多数家长的孩子一样，都缺乏一种专注力。

什么是专注力？专注力 = 聚焦 + 坚持。在排除外界干扰的情况下，能将注意力聚焦于一件事，并能持之以恒。日本著名小提琴家、音乐教育家铃木镇一说过："专注力是影响孩子学习的一个重要心理因素，高效率和快速精确的思维是优秀孩子的重要标志，而专注力集中是高效率和快速精确思维的重要保证。"

作为孩子的引导者，家长不妨从以下几个方面给予正面的鼓励和教导，以促进孩子专注力思维的正向发展。

第一，让孩子爱上学习，逐渐增加学习时长。

"三分钟热度"其实也是发现孩子兴趣的过程，孩子刚开始对学习抱有热情，也是想从这件事中获得乐趣，既然有兴趣在，家长就要好好引导孩子把这个兴趣时间给拉长。

比如说学画画这件事，刚开始萌姐的小外甥女是因为同学在学，所以她也跟着去。我自己也学过画画，刚开始是打基础阶段，老师只会让你重复地画简单的图形线条，没有想象中那么好玩，所以孩子的热情就会受到打击。其实，家长可以在课外有目的地引导孩子参加一些力所能及的活动。比如，家长可以在周末带孩子去美术馆参观，花点时间在里面了解那些画作的意义、画家的生平。又或者一起参加一些简单的美术工作坊活动，完成几幅比较满意的作品。在这些活动中，孩子可以感受到美术的魅力以及作品完成后的喜悦，从而增强学习动机。当孩子兴趣达到最浓之时，家长就可以逐渐增加其学习的时长，让"三分钟热度"一直持续下去。

另外，萌姐发现很多孩子做事"三分钟热度"，其实大多是因为父母的态度。让孩子爱上学习，家长要做到降低对孩子的期待值。有的家长认为，给孩子报了某个兴趣班，就应该在短时间内取得成绩，上几次课后，看孩子没有明显的进步，就会不自觉地说几句"打压"孩子的话，原本孩子兴趣正浓，在学习的过程中体验到的乐趣就会受家长负面情绪的影响。家长不要本末倒置，刚开始就以很高的标准严格要求孩子，向孩子施压。比如萌姐的小外甥女，如果一开始就要求她坐在椅子上画两个小时，不完成就不允许玩耍，她对画画的兴趣估计早就被打压得一干二净了。初期可以先给孩子布置简单且容易达成的小任务，让孩子在这些小任务中取得成就感，并养成每天坚持做这件事的习惯，再逐步把重点放在做这件事情的效率和强度上，这样孩子才更容易坚持下去。

第二，有意识地训练孩子的专注力。

一个人做事情的专注力是靠动力来推动的。家长可以根据孩子的能力，制定适合孩子的小目标，督促孩子养成专注的好习惯。这个目标可以是时间，也可以是事情的结果。比如，坚持每日练字半小时。如果目标比较大，可以帮助孩子把大目标继续分解成一个一个的小目标。每次完成之后要学会总结，并督促孩子记录下来。当孩子体验到达成目标的愉悦感后，就会更有热情地持续探索，从而提高做事的持久性。

在这个训练过程中，我们还要清除注意力干扰物。孩子自控能力差，在完成一件事情的过程中很容易受外界环境的干扰而分神。所以，家长应尽量给孩子提供一个相对安静而简单的环境，减少其他因素的影响。在孩子学习时,把手机调成静音、关掉电视机,一个安静的环境能降低无关因素对孩子专注力的刺激。

孩子的专注力需要先保护再培养,家长不要让自己成为干扰源——孩子正在全神贯注地学习,你一会儿进房间问饿不饿,一会儿进房间问冷不冷。这种不经意间的关注,对孩子来说就是一种干扰。如果你的热心总是对孩子的学习造成干预,久而久之,他做事情的专注力就会慢慢地丧失。正确的做法是:静静地坐在一旁观察,必要时提供协助,如果孩子做得不错,来寻求认可,家长一定不要忘记赞赏和鼓励。

第三,与孩子共读人物传记、专访,从榜样身上吸取力量。

熟悉萌姐的家长都知道,我一直倡导以人为师,建立人格榜样。到现在,我也一直践行着这条理念,坚持把《立德人物》这个专栏做下去,让更多的人看到榜样的力量。这个观点也是父母在我很小的时候就培养起来的。我们家有一面巨大的书墙,上面摆满了各种类型的书,在我够得着的地方,放的都是人物传记书籍,后来我才知道是母亲特地这样放的。她知道我静不下心来阅读，一些名著还不适合我，漫画则没有太多营养，而传记类的书更能让我入迷。每次写完作业我总是随手拿起一本看，看着看着就"钻"了进去，看完一本就很严肃地跟父母讨论这个人物，还宣布要成为下一个他。这时候我妈妈就会顺着说："不能光说，也要行动起来，言行一致才能更接近榜样。"现在想来也是母亲用心良苦，早早把种子播下，然后等它开花结果。

萌姐长大之后读到了英裔加拿大作家马尔科姆·格拉德威尔提出的"一万小时定律"，他认为，人们眼中的天才之所以卓越非凡，并非天资超人一等，而是付出了持续不断的努力，一万小时的锤炼是任何人从平凡变成世界级大师的必要条件。回想起儿时读过的那些名人传记，每一本的主人公都是从平凡中不断坚持，从而成就了非凡的人生的，萌姐总是备受鼓舞，想要成就更加卓越的自己，并保持积极的状态对待工作和生活。

青少年正处在人生的成长阶段，还不知道未来的方向，通过阅读人物传记，他们可以把自己与主人公进行对比，名人所走过的人生道路，不论是成功的还是失败的，都有可能引起他们的思考，并得到借鉴和启示。家长可以选择一些典型人物，特别要选择那些具有明确学习目标、克服种种困难进行学习的人，给孩子介绍他们学习的方式方法，以此来营造良好的学习氛围，激发孩子的学习动机。

第四，以身作则，给孩子树立学习榜样。

家长是孩子的启蒙者，也应该成为孩子的榜样。我们家长在抱怨孩子没有专注力、做事"三分钟热度"的时候，不妨先审视一下自己：明明约定了一起做某件事情，家长是不是也经常"爽约"？每个孩子的专注力都是有限的，在坚持不下去的时候，需要家长在旁边陪伴和鼓励。可是一有需要父母支持的时候，孩子总是看到爸妈在埋头看手机或电脑，当然也有样学样。

所以，家长平时一定要抽出时间跟孩子一起学习，可以尝试玩一些"专注力"游戏，并把这样的方式融入孩子的生活。你可以有意识地设置一些情境，帮助孩子提高自我约束的能力，遵循循序渐进的过程。比如，定一个家庭阅读日,一起看一部电影或者看一本书,看完之后互相分享故事,并在结束后记录下来,每次都要雷打不动地坚持下来,最好成为家里的传统节目,让孩子有这种"约定意识"——既然约定了就要努力坚持下去。

当孩子有要放弃的想法时,家长不妨给孩子讲一件自己人生中因为坚持而带来好处的事情。比如,萌姐平时在和小外甥女聊天的过程中,常会有意识地告诉她,坚持一件事情很重要,虽然在坚持的过程中确实会有疲惫的时候,但坚持带给我们的结果是非常好的。比如,我会告诉小外甥女,我把早起这件事坚持了很多年,也把不断学习这件事坚持了很多年,所以现在我可以拥有自己喜欢的工作,我可以有更多的时间去尝试自己想做的事情。当她知道我把早起这件事坚持了很多年之后,她露出非常惊讶并且佩服的表情,还和爸爸妈妈坚定地说:"我也要像萌萌舅妈一样,做能够持之以恒的人。"

对孩子来说,没有什么比父母的榜样力量更有力。他不想听道理,真真正正发生在父母身上的能被看到的事,才能启迪他的想法、影响他的行为。萌姐认识的一位妈妈，为了让孩子养成每天背单词的好习惯，她特意下载了一款学习英语的App。孩子每天坚持学习30分钟初中词汇，妈妈则坚持每天学习1小时雅思词汇，如果哪天孩子偷懒不想学了，他一定会被妈妈的坚持带动。

专注力不完全是孩子天生的个性，更多的是经过后天培养形成的一种思维习惯。"三分钟热度"是一种本能，但坚持是一种技能。作为父母，不应该纵容孩子的本能，而应思考如何培养孩子的技能。如果孩子具备这种思维能力，以后学习、工作、解决问题的时候就会很专注，效率也会很高。

复核思维

孩子粗心大意、马虎怎么办?

在萌姐粉丝发来的众多私信中,有一位妈妈的留言让萌姐印象很深刻。这位妈妈的孩子已经上小学一年级了,虽然孩子学习态度比较认真,但考试成绩总是不尽如人意。比如,算术题"1+1=2",他总会下意识地写成"1+1=3"。又如,语文默写"大小"当中的"大",偏偏要多加一点写成"太"或者是"犬"。她也总批评孩子,但这个粗心的毛病,孩子总是改不了。次数多了,这位妈妈甚至开始怀疑起孩子的智商了。于是,她找到我,想让我帮助她的孩子改掉马虎的毛病。

看到这里,萌姐可以明确负责地说,孩子粗心大意其实是一种很常见的现象,并不代表智商低下。很多成年人也会有这个毛病，这跟智商没有太大关系，而是因为部分孩子性格毛躁，天生急性子，不管是学习还是做事，都只图快、不求精。这样的性格使孩子沉不下心、学习浮在表面，满足于一知半解、不求甚解。

造成孩子粗心大意的原因各不相同，但从根本来说都是思维不成熟，他们没有养成 double check 的学习习惯。

有些家长可能会问了，什么是 double check 呢？翻译成中文，就是复核思维的意思，是指反复核对、多次确认的过程。这其实跟"复盘"是一个意思。很多围棋选手在对局结束后都有复盘的习惯，也就是双方棋手把刚结束的对局再重复一遍。这样可以有效地加深对弈的印象，也可以及时找出双方攻守的漏洞，是提高自己水平的好方法。

对孩子来说，这种"复核思维"能让他们拥有大局观，把无序变为有序。复核思维对提高学习能力有很大的正向作用，如果有"复核思维"的加持，孩子就能做到查漏补缺，从而克服粗心的毛病。

那要如何培养孩子的复核思维呢？家长可以从以下四个方面进行。

第一个方面，家长需要帮助孩子理解问题、梳理思路，抓住问题的关键。

很多孩子粗心是审题不清晰，导致漏写误答。萌姐上学的时候也经常犯这种常识性错误。考试之后，萌姐拿着试卷常常十分后悔，很多错了的题目，明明我会做啊，怎么考试的时候愣是答错了呢？这正是审题不清造成的。要如何避免这类问题呢？审题，就是对题目的含义进行分析、研究，从而正确地把握问题，理解题意，明确题目要求，确定答题方式等。萌姐的老师以前教过萌姐一个审题技巧，我可以分享给各位家长。你可以告诉孩子，当他拿到试卷后不要着急做，要先学会审题。审题最重要的就是紧扣关键词，拿起笔先来画画圈圈，找出题中的有用信息，之后做完题回过头也能更好地检查。

比如，很多选择题要求选出"不正确"的一项，孩子往往会漏掉这个"不"字，通过圈画关键词的方法就可以防止漏字，画完关键词之后还要分层次，把整道题目分解为几个部分，化繁为简、化难为易。比如说，解数学应用题就得分步骤来，每个步骤都要有条理，计算公式要一步一步详细地写下来，同时还要注意看数字与单位，一道题中有的用的长度单位是米，有的用的是厘米，做题的时候就要统一单位之后再计算。这两个步骤下来，解题思路就打开了，解完题再回过头检查一遍。学会了这个技巧，就能让孩子在考试中避免出现因为粗心而丢分的情况。

另外，很多孩子在考试的时候面对满满当当的试卷，总是容易慌神，本来对文字就不敏感，字再一多，就更容易看错题目，而看串行也是常有的事。那么，有一招可以强化审题——看题的过程中在心中默读。默读题目既能避免马虎，又能激发做题灵感，可以更高效地答题。

第二个方面，家长要培养孩子的耐心，要让孩子知道这样一个道理：做完 ≠ 完成。

萌姐很小就开始学习弹钢琴，但是我小时候也比较多动，属于注意力不容易集中的那一类人。萌妈当时给我规定，每天要练习一小时的钢琴。一开始听着自己弹出的悠扬琴声，我非常投入，可时间还没过半，就坐不住了，于是开始不停地瞄时钟，也不知道自己弹的是什么音了。这样，时间一长，我的弹琴技术不但没有进步，还遭到了邻居的投诉。我妈妈倒也没有特别批评我，只是从强制弹一小时钢琴改成了每天要完整弹好五首曲子，并且要保证不走音。同时她还陪着我，认真地帮我纠正。这下我可来劲了，潜意识把"必须忍耐一小时"的消极状态转变为"认真弹完就能早点完成练习"的积极状态。这种积极状态使我在不知不觉中集中了注意力，练到兴头的时候，我还会要求增加曲目提高弹奏的难度，慢慢地克服了没有耐心的毛病。

  小时候的萌姐只觉得萌妈的做法很好地刺激了我当时要把钢琴曲弹好的"斗志"，而且让萌姐不自觉地就认真起来。现在回想起来，其实萌妈用到的教育策略，就是让萌姐把"定时学习"改为"定量学习"。家长可以观察一下孩子的学习状态，也可以回想一下自己学生时代的学习情境。你的孩子是不是给人一种"很努力、很勤奋"的感觉，他一放学就坐在书桌前，一直到十点、十一点还在学。其实，他可能是在营造一种"假象"——他看似在学习，其实思绪早就不知道飞到哪儿去了。也许他坐在那里三个小时还没完成的学习任务，效率高的孩子半个小时就完成了。

所以，家长可以让孩子把"定时学习"改为"定量学习"，分阶段处理学习任务：在一个阶段的学习任务完成后，可以让他休息5~10分钟；在多个学习阶段的量完成后，可以让他获得一份特殊的奖励。这样的策略，更能让孩子高效且自觉地进入学习状态，而不是让孩子误以为自己学习的时间很长、付出很多，自己已经很努力了，甚至会自我感动。

从萌姐练琴的往事可见，对孩子耐心的培养都是有过程的，家长需要积极引导，让孩子知道做一件事情要有始有终，要在一定的时间内保质保量地完成，而不是既消耗了时间，又错误频出。家长要让孩子明白，只有集中注意力，保持耐心才能很好地完成一件事。当然在此期间，家长要以身作则，给予陪伴和及时肯定。

第三个方面，家长要培养孩子的发散性思维，多角度审视问题，做好 double check。

不知道家长们有没有发现，以前课本上出现的习题，答案只有一个。现在，在教育体制不断创新完善之下，课本都是"活的"，很多题目没有明确的答案，需要孩子从多个角度去分析，找到自己的答案。这就要求家长在日常生活中要引导孩子多角度看待和分析事物，多角度思考问题，而这正是一种发散性思维。发散性思维是突破原有的知识圈，以一点向四面八方扩散，沿着不同的方向、不同的角度进行思考的方法，通过知识、观念的重新组合，找出更多的可能的答案、设想或解决方法。

在日常生活当中，家长应该有意识地加强对孩子发散性思维的训练。在生活中，家长可以寻找提出开放性问题的契机。比如，水杯除了可以用来喝水之外，我们还可以拿它做什么呢？看看孩子是否可以想到发散的、天马行空的答案,并可以就孩子的回答动手实践。又如，纸张除了可以在上面写字、画画以外还有什么功能？孩子就要从纸张的起源入手，并不断进行尝试，在实践当中获得答案。这样的开放性问题虽然没有标准答案，但是能提升孩子的思维活跃性，让孩子想到各种各样的可能性。同样在面对考试当中不断变换的题型时，家长可以让孩子从多角度出发，找到题目的突破口，反复验证得到最优答案。

第四个方面，家长要多观察孩子，并做强化训练，适当添加奖惩机制。

我特别反对家长过多地批评孩子，把粗心大意、马虎挂在嘴上。特别是低年级的孩子，他们本身学习能力还不够强，平时也很依赖父母，家长过度"渲染"其粗心，本意是好的，是希望孩子克服粗心大意的毛病，实际上不仅不能解决问题，还会加重孩子内心的负疚感，进而形成自我否定的消极心态。让孩子养成细致的习惯，可以做强化训练，一段时间内只重点纠正一种坏习惯，等相应的好习惯养成之后，再开始下一个坏习惯的纠正训练。渐渐地，就可以让细心成为孩子的思维习惯。

比如，孩子算术类题目错误率比较高，家长就可以每天给他出 50 道算术题，并要求他 30 分钟内做完，根据他的做题速度，给他留出检查时间。家长可以规定一下正确率，今天 95% 算过关，一周之后就必须达到 100% 的正确率，这样集中做过训练之后，孩子在正式考试中就不会怯场，跟练习的时候一样，会做得又准确又迅速。

当然，现阶段家长还需要对孩子进行适当的奖惩，作为一定的制约要素。今天规定 95% 的正确率，你完成 96%，就多给你半小时的娱乐时间；连续一周都是 100% 的正确率，就可以满足孩子一个小心愿。但是，如果没有达成当天的指标，也适当地给予惩罚，比如扣减当天的零花钱，达成之后返还等。家长可以根据自身的实际情况做出规定，最后可以做出总结，并跟孩子讨论下一个目标，让孩子每天的目标提高一点，每天都进步一点。家长可以试着用以上方法，给孩子做短时间的强化训练，看粗心大意的毛病有没有改善。另外，孩子的习惯都是在日常的学习点滴中培养出来的，家长应鼓励孩子自己检查每次的家庭作业，有效强化复核思维。

最后，萌姐再提供一个有利于构建复核思维的学习工具——错题本。萌姐上初中的时候，数学成绩曾经一度不太理想，萌妈建议我准备一个本子，把每次数学考试中做错的题目在考试后总结时都记录在这个本子上，以后在每次考试之前，萌姐都会对这个本子上的错题做重点复习。这个本子就是萌姐的错题本，也是我数学学习道路上的"功臣"。我不仅听萌妈的建议，把每次数学考试的错题都记录在册，平时作业和练习的错题也详细地记录在这个本子上。坚持了一个学期之后，萌姐的数学成绩突飞猛进。据萌姐所知，很多学霸都有记录错题的习惯。家长应该尽早帮助孩子学会利用错题本提高学习效率，培养其复核思维能力。萌姐结合自己利用错题本过程中的经验教训，总结了错题本最高效的使用方法。

第一，错题本一定要分门别类，最好是每门学科都准备一个错题本，避免混淆。

第二，错题本上不仅要记录自己做错的题，也要分析做错的原因，比如是知识点没有吃透、运算出了错误，还是审题不清导致犯错，这样把每一道错题掰开揉碎地去分析，下次看到同样类型的题目就可以避开雷区。

第三，采用打印或是剪贴的方式记录错题。萌姐上学的时候没有打印的条件，所以基本上我的错题本都是我辛辛苦苦地抄在本子上的，现在回想起来，这种一字一句抄写的方式虽然浪费了时间，但是更加深了对错题的理解。现在打印机基本上是孩子必备的学习工具了，所以不妨通过打印的方式，甚至手机拍照的方式来记录错题。具体的操作因人而异，家长还可以和孩子一起尝试，找到事半功倍的制作错题本的方法。

从以上四个方面出发，家长再结合日常引导和错题本的应用，可以帮助孩子尽快完成复核性思维的搭建。

平衡思维

孩子不能平衡玩和学习，沉迷于游戏怎么办？

这部分我们要谈的话题是平衡思维——孩子不能平衡玩和学习，沉迷于游戏该怎么办？

不夸张地说，现在绝大多数家长都是"谈玩色变"。所以，如何引导孩子杜绝电子游戏的诱惑，是每位家长的"必备技能"。

谈到这个话题，萌姐就不禁回想起自己小时候的"神秘失踪"。我小时候也是赶在时髦前沿上的小朋友，当时有一款很流行的游戏——《仙剑奇侠传》。这款游戏以中国古代的仙妖神鬼传说为背景、以武侠和仙侠为题材。当时萌姐对此异常迷恋。有次放学跟同学约了在她家里玩《仙剑奇侠传》，沉迷于其中的我甚至忘了吃饭时间。妈妈打了老师和我的很多同学的电话，直到抓到我正在玩游戏，气得她把我所有的游戏卡都扔了。

为什么当时玩游戏那么上瘾呢？现在分析起来，是因为玩游戏带给我的即时满足感。同时，沉迷在游戏世界的那个当下，让我暂时逃避了学习带来的压力。

我当时玩游戏的体会是，玩游戏收获的满足感，有点像点击鼠标就能拿到一块钱，随着每一次游戏操作或游戏局带来的反馈，心中产生的愉悦可能在几分钟之内就能达到高峰。

而每一次操作或尝试都没有太大的成本。即使失败，也可以一直挑战，直到成功为止。

这就是短期价值——只做到即时满足，会沉迷在当下的愉悦中。其实不论是孩子还是成人，都会因为这种短期价值获得心灵上的即时满足，但是过后，大多数人又会反省、后悔。孩子可能会想，要是我用玩游戏的时间多背几个单词，在单词听写时，我就能全写对了；大人可能会想，要是上个周末我把打游戏的时间用在PPT 的修改完善上，这周的工作演说就会更完美。

学习带来的则是长期价值，而在学习的过程中往往不会收获即刻的满足。因为学习不是一蹴而就的，其反馈时间会比较长，我们在学习的过程中可能会有很长一段时间不知道自己是进步还是退步，于是满足感就比较弱，直到大考或小考考出好成绩后，才会有些许的情绪波动。然后满足感逐渐回到原点，再次循环。这就是长期价值，需要延迟满足。这样一对比，游戏对很多人来说更好玩、更有趣，更能让自己有即时满足感。

同时，游戏能够带来反向刺激。若孩子一直处在被要求不断学习的环境中，难免会有压迫感。而在游戏世界里，不会有父母的催促、老师的训诫、作业的压力，可以有时间松口气。这种气氛就会把孩子吸引进去而难以自拔。

以上这两点是很多家长口中"孩子沉迷于游戏、荒废学业"的根本原因。我们要怎样缓解这个矛盾呢？

根本方法在于：给孩子平衡一个学习跟玩的度。这个度该怎样把握呢？

萌姐最擅长的就是平衡工作、学习、生活的关系。

对孩子来说，就是家长要让孩子拥有一种平衡思维。什么是平衡思维？其实就是让孩子能够辩证地看待事物的两面性，帮他们分辨事物的短期价值跟长期价值，从而引导孩子做出正向决策。

平衡思维的培养需要循序渐进，家长可以按照以下步骤去引导孩子。

第一步也是至关重要的一步：让孩子感受到玩和学习的价值，引导孩子要看得更远，重新衡量满足感。

我们已经谈过，游戏之所以好玩，就在于它能够带来即时满足感。在游戏里，人人都是平等的，只要你技巧突出，就会受到追捧。你在脱离虚拟世界回到现实之后，就不可避免地感到空虚。一切都是虚幻的，这个反馈其实就是短期价值的体现。我们得让孩子感受到，在游戏当中得到的只是短暂的心理慰藉，并不能实现自我价值。我们要成为什么样的人，取决于我们学到了什么。在学习知识的过程当中，我们在不断地认知世界、向外求索的同时，也在不断地认识自己，从而更好地做出选择，找到自己人生的价值和意义。学习的过程虽然漫长，难免有无数磕绊，但当你最后实现自己梦想的时候，所获得的喜悦感也是加倍的。

有人说快乐也分低级和高级，低级的快乐通过放纵就能获得，高级的快乐通过克制和自律才能享受到。萌姐的"1000 天小树林计划"[1]，可能很多读者比较熟悉。有人认为日复一日的学习很枯燥，从某个方面来说，学习确实是一件枯燥的事情。但是在学习英语时，我背着背着，每个英文单词都主动地钻进了我的脑袋里，也让我更有信心能学好英语。就这样，我获得了全年级英语第一名的好成绩，并获得了全国英语演讲比赛的总冠军。这种满足感，可比窝在房间里打游戏获得的即时满足感强百倍。

我们要让孩子知道，谁也不可能一直在游戏里当"冠军"，我们应该在现实生活当中勇敢夺冠。家长应该让孩子的现实生活游戏化，帮他们建立明确的阶段性目

---

[1] 作者曾在大学期间给自己制订了一个 1000 天英语学习计划，即每天早上去学校的小树林诵读英语。——编者注

标，制定清晰公平的规则，给予及时的反馈，让他们感受到自己的真正价值。这是拥有平衡思维的第一步，良好价值体系的形成会对平衡思维能力的培养起到事半功倍的效果。

第二步：以身作则。当你帮助孩子建立起正确而长远的满足感意识之后，接下来，需要用你的行动去带动孩子的行动，潜移默化地培养他的平衡思维能力，引导孩子的决策判断和取舍。

人的成长往往是在特定环境里潜移默化中形成的，甚至你还没有意识到的时候，孩子就已经受到周围环境的影响，从而形成了自己的人生观、世界观。常言说，近朱者赤，近墨者黑。孩子的成长也是如此，或许在我们还没有意识到的时候，孩子就已经因为父母的言行而改变了。

在以身作则这一点上，萌爸萌妈的做法值得很多家长借鉴。萌姐小时候晚饭后的"同读一本书"活动，让我在不知不觉中就养成了读书的好习惯；当萌姐在写作业、阅读或是练习钢琴的时候，萌爸萌妈从来不看电视，而是手捧一本书在旁边陪伴，那种感觉和气氛十分美好。

如果说父母本身就是爱学习的，平时在家里看书看报，在孩子学习有困难的时候及时开导，在这种浓郁的学习氛围中，孩子对学习的热情自然会很高。相反，父母在家如果只是打电脑游戏、玩手机，偶尔关心一下孩子的学习，还要再说教一番，孩子自然就会有样学样——"你们大人自己在玩，凭什么不让我玩呢？就让我去学习"，就会有这种抵触心理。因为孩子还小，分辨不出好坏。家长只有在孩子面前做出表率，在点滴小事上加以引导教育，才能让孩子主动学习。

第三步：做到正向激励，孩子表现好的时候要积极鼓励。

有些对孩子要求严格的家长会有这样的表现：对孩子的缺点明察秋毫，对孩子的优点和进步却视而不见。这就会造成家长对孩子的批评教育永远比表扬鼓励来得及时，甚至在孩子的成长中只有批评教育。其实孩子的能力、性格等的形成，在很大程度上取决于周围的环境和他人的期望。由于孩子的心智尚未成熟，心理控制能力较弱，受暗示性较强，所以容易被成人的期望所左右。他们很容易相信和接受别人的判断，会把外来的评价内化成对自己的预期和判断。这就不得不说著名的"罗森塔尔效应"。美国心理学家罗森塔尔和 L. 雅各布森在一所学校进行过这样的实验，他俩随便挑选出来几位学生的名字，把他们列入"最有发展前途者"名单。八个月后，罗森塔尔和助手们对这几位学生进行复试，结果奇迹出现了：凡是上了名单的学生，无论学习成绩还是个人风貌都有了明显的进步。可见，赞美和表扬能够给孩子带来巨大而有力的正向改变。

怎么做好正向的激励呢？萌姐认为，以下两点非常重要。

第一，暗示的时机很重要。萌姐小时候学钢琴的时候，是那种坐不住的孩子，总是急急忙忙地弹完几曲，就想出去玩，我妈妈就说："萌萌，你看，电视机里的钢琴家在演奏之前都会做这样的优雅鞠躬，很有仪式感，你要做起来就像小公主，你不妨模仿一下。"为了成为优雅的小公主,我一遍又一遍地重复那个动作,也更加有了学习动力。

第二,给予真诚的鼓励。正向的评价也是有技巧的,如果你和我说"你钢琴弹得真棒",那我可能觉得你只是在敷衍我,因为每次都是这么一句话。但是如果你跟我说"你上次有个音好像有停顿,这次我特别在这个点上注意了,发现你比上次熟练很多,太让我惊喜了",这样的反馈是具体的评价,这在激励层面给予我的能量会更大。

第四步:适当放手,给孩子以空间,而不是过度阻止。

老话说得好,该学习的时候学习,该玩的时候去玩。有些家长把孩子的日程排得满满的,好不容易可以出去旅游,还非得塞上几本书不可,让孩子在旅游途中也得看。爱玩是孩子的天性,孩子的很多品质都是在玩的过程中无意识地培养起来的。孩子独自玩的时候,也是他注意力和自立能力形成的时候。当孩子沉浸在自己感兴趣的游戏中时,能够充分享受自由带来的快乐,此时的他没有压力、思想自由,这时请不要随便干扰他,给孩子自由的空间,让孩子有机会体验自己玩的乐趣,自己选择活动,自己决定规则,自己独立探索,自己完成一件事,独自尝试不同的角色,体验不同的感受。这也能促进孩子的想象力、创造力以及培养孩子独立自主的意识。

当然家长也不要完全不干预,事先要约定好时间,在说好的时间段中不要去打扰他,让他充分沉浸在自己的世界里。在充分地获得信任的前提之下,相信孩子不会轻易违约。

萌姐小时候生活在一个大院里,邻里的关系特别好。大院里的孩子特别多,萌姐经常和院里的孩子一起疯玩。上幼儿园的时候还好,没有作业没有压力,可以随便玩。可是到了一年级,每天老师都会布置家庭作业。一开始,萌妈对我的要求是:到家之后第一件事情就是完成作业,把所有作业做完之后才能出去和小伙伴玩耍。这可把萌姐愁坏了,每天放学写作业的时候,屁股上就像扎了好几根针,怎么也坐不住,不仅写作业的速度慢，还频繁出错。后来萌妈索性给我定了这样一条规则：放学回家，可以先和小伙伴玩 30 分钟，这 30 分钟之内随便折腾，但是规定的玩耍时间一到，必须回家写作业。萌姐非常感谢萌妈的"法外开恩"，这样一来，每次玩到 30 分钟的时候，萌妈一叫我，我就会告诉小伙伴我要立马回家学习了，没有一次违约。萌妈给了我这 30 分钟的自由，换来的是我高效的学习。每次玩耍过后，大脑还有点兴奋，而且因为先玩过了，心情也特别好，所以写作业的时候感觉脑筋转得特别快，不但写作业速度快，而且准确率还高。

再说回这部分最开始提到的电子游戏，同样是玩，让孩子选择电子游戏就不如让孩子选择体育锻炼这种形式。有的家长可能会说，我也想让孩子"玩"得更高级，可是孩子就是想要玩电子游戏，怎么去引导呢？家长可以从以下几个细节做起。

首先，父母的陪伴很重要。有一次，萌姐的一个宝妈粉丝和我说了一件很有意思的事。孩子的爸爸是一位职业经理人，这天他负责的项目圆满结束，所以心情格外好，于是他就提前下班回家陪儿子。回到家看到自己上三年级的儿子正倚在床上打手机游戏，如果是在平时，这位爸爸肯定会没好气地唠叨"作业写完了吗？就知道玩游戏"之类的话，这天因为心情好，他什么也没有说，还哼着小曲切了一个哈密瓜，端到儿子面前。儿子打游戏两只手都占着，爸爸就笑眯眯地一块一块喂给儿子。一开始，儿子还不耐烦，过了一会儿看到爸爸依然笑眯眯地一块一块给自己递过来香甜的哈密瓜，没一会儿就主动退出了游戏。然后，爸爸和儿子就有说有笑地拿着篮球到楼下的篮球场去和小伙伴一起打球了。

作为父母，我们总会要求孩子很多，比如学习要好、性格要热情、待人接物要有礼貌等。但孩子对父母的要求很简单：只要你开心地陪伴在我身边就可以了。父母的用心陪伴肯定比游戏对他的吸引力更大。

其次，让孩子在其他类型的游戏中体验到满足感。刚刚我们提到，孩子之所以沉迷于游戏，是因为游戏带给孩子的即时满足感。这种满足感其实可以在其他游戏项目中体验到，家长在周末可以多带孩子走出去，让孩子体验更多类型的娱乐项目，比如爬山、滑雪、攀岩，或者是踢球、骑行、游泳，运动是最适合孩子的游戏类型，让孩子从运动中体验快乐、体验自信、体验成功，这些会让孩子获得更加丰富和多元的满足感。

当然，如果孩子特别偏爱电子游戏，适当地玩也不是不可以。家长可以主动了解他所玩的项目，当他跟你谈及剧情和角色的时候，你可以多留意，同时提出一些自己的看法，让他知道你也感兴趣，不会有抵触的心态。

习惯思维

孩子表现时好时坏，怎么养成好习惯？

我们先来说说孩子为什么总是不定性。不定性是好还是坏呢？不定性其实就是孩子的思想还不成熟，年纪还小，做事不果断，也没有恒心，往往遇到比较复杂的事情就不做了。不定性不是一件坏事，定性和不定性的差别，在于家长的积极引导——帮助孩子养成好习惯。

我们经常把习惯挂在嘴边，到底习惯是什么呢？习惯就是习以为常的行为，是一种稳定的自动化的行为，是经过反复练习形成的语言、行为、思维等。它是人们头脑当中建立起来的一系列条件反射，比如做一件事情，大脑潜意识里会提醒你该怎么去做。孩子要想未来有所成就，必须从养成好习惯开始。教育的核心不只是传授知识，还有学会做人，一旦养成一个习惯，就会不自觉地在这个轨道上运行。如果是好习惯，那就会终身受益。在孩子小的时候，是培养好习惯的最佳时间。

历史上众多成功者都离不开他们从小养成的好习惯。富兰克林从小的一个习惯就是每天晚上都要把一天的情形回想一遍，看看自己哪些方面存在着不足。他曾经为自己总结出13个很严重的缺点。比如说，浪费时间为小事烦恼、和别人发生冲突等。在富兰克林看来，除非他能够减少这一类的缺点，否则就不可能有什么成就。此后他便一个礼拜选出一项错误与之进行博弈，然后把每一天博弈的结果记录下来。到了下个礼拜，他会另外再挑选出一项缺点去做另一场博弈。正是这一检视自我并努力改正缺点的习惯，使富兰克林取得了成功，成为美国历史上最受人爱戴也最有影响力的人物之一。

萌姐本人也是好习惯的受益者，我一直把一句话挂在嘴边：人与人之间最小的差别是智商，最大的差别就是坚持。我把早起坚持了20多年，大学的时候凭借早起这个好习惯完成了"1000天小树林计划",在2008年赢得了APEC英语演讲比赛的全国总冠军,获得了去秘鲁参加APEC CEO峰会的机会,从此改写了我的人生。现在我不仅自己坚持早起,还创办了早起者社群,带领更多人一起加入早起社群的行列。早起的人可以比其他人多活出半天的精彩。

说了这么多,那么家长该怎么帮助孩子养成好习惯呢?

一是帮助孩子培养兴趣,观察并发现孩子的优势。

兴趣是孩子养成好习惯的最大动力。如果孩子的兴趣得不到父母的尊重,极有可能会让孩子的兴趣"雪藏"起来。因此,家长尊重孩子的个人兴趣爱好要像对待一棵刚出土的幼苗一样,精心呵护、浇水施肥。家长要不断观察自己的孩子,从兴趣爱好当中发现孩子的闪光点,并引导孩子沉下心投入其中。这是思维习惯养成最重要的一步。慢慢地,你就会发现,只要是孩子感兴趣的事情,他就会不厌其烦地去做。在这个过程当中培养孩子耐心、专注、有毅力的习惯就容易得多。

能把兴趣爱好坚持下来的孩子，必定都是有定性的。有些家长可能会说，我们家孩子的兴趣一直都在变化，根本不知道孩子感兴趣的东西是什么。其实，家长存在着一个误区，一看到孩子今天随着音乐摆动，就觉得孩子不是有音乐天赋，就是有舞蹈才华，想着赶紧送孩子去培训班找个好老师，可不能耽误了这个好苗子。每个孩子在特定阶段都有很强的好奇心和模仿力，要找准孩子的兴趣点，可以掌握一个原则：宽广尝试，重点深入。现在很多兴趣班都有试听课，家长可以多带孩子去参加，如果孩子去了几次还有很大的兴趣，那就可以深入地学习。家长只有找到孩子真正喜欢的方向才是最重要的。

二是创造学习氛围，跟孩子一起学习。

萌姐几乎在每一堂思维课程当中都会强调家长陪伴的重要性。孩子好习惯的养成需要家长的共同努力，家长和孩子是共同成长、相互影响的。我们要为孩子创造一种良好的学习氛围。良好的学习氛围需要做到以下几点。

第一，给孩子在家中打造一个固定的学习场所。

最近很火的"付费自习室"，相信大家都听说过，这种新型的商业模式也让人们重新思考学习环境的重要性。作为自制力比孩子强得多的成年人尚且需要一个专门为学习营造的"自习室"，更何况思维总是天马行空、容易被各种事物吸引的孩子。

孩子如果没有固定的学习场所，就很难进入学习状态，自然也会影响到学习效果。有的孩子在家里学习的时候就好像打游击战一样，今天在茶几上写作业，明天在餐桌上做题，后天又在床上看书。

作为一个学生，尤其是小学生，除了学校，家庭无疑是学习的另一个主战场，家长最好给孩子安排一个单独的房间，要让孩子不受环境因素干扰地进行学习。

有些家长可能会说，如果孩子想学，在哪里学都能学得好。心理学家勒温有一个著名公式：$B=f(P×E)$，B 代表个人行为，f 代表函数关系，P 代表个人的内部动力，E 代表环境刺激。由此看来，孩子在学习上的表现是由孩子自身的素质和学习时所处的环境共同决定的。固定的、安静的学习场所,对一个孩子的学习状态是有重要影响的。

萌姐有个朋友是初中班主任,当我和她说起学习场所这个话题的时候,她就告诉我,自己班上有一个女学生放学了总是"赖"在教室不走,说自己想"安静地在教室多学习一会儿,回到家爸爸看电视,妈妈刷抖音,吵得学不下去"。听了这个女孩的话,作为家长的你是不是也可以自检一下,孩子放学后,回到家这个学习的另一个"主战场"之后,你是否给孩子营造了"利于作战"的环境。如果家中有条件,一定要专门给孩子准备一间书房;如果条件不允许,也要在客厅专门安排一张书桌,作为孩子的学习场所。

第二,学习场所的布置有讲究。

孩子学习场所的布置,最重要的一点就是简洁、明亮。学习场所只出现与学习相关的物品,并且光线要明亮。这样做的目的就是让孩子形成一种专心学习的心理定式。研究表明,人的行为状态跟情境高度相关。比如,餐厅就是吃饭、补充能量的地方,孩子一进入餐厅,全身上下都在为进餐做准备;书桌就是学习的地方,孩子一坐到书桌前,眼前没有杂七杂八的玩具、物品,只有书本、文具,孩子自然就会形成条件反射,大脑迅速进入学习状态。

相反,如果房间布置太复杂,桌子上摆放了太多乱七八糟的东西,那么孩子的心就会被这些东西所吸引。所以,学习场所的布局要简洁、明亮,书桌上只摆放必需的文具、工具书。墙壁上尽量不悬挂装饰或色彩鲜明的画,可以悬挂一些具有教育意义的字画或名言警句,或将学习计划、时间安排表等摆放在明显的位置,这样可以时刻提醒孩子集中精力达到学习目标,保持高效的学习状态。

除了营造出学习氛围之外,家长还要主动创造一些与孩子一起读书的学习机会。家长可以跟孩子共读一本书,然后分享自己的读后感,讨论书中的故事情节;也可以在周末带孩子参观科技馆、博物馆、天文馆,一起学习有关科技、地理、军事、天文等方面的知识。萌姐有一个全职妈妈粉丝,孩子上了小学之后,因为自己家住在天文馆附近,所以周末都会去天文馆"遛娃",持续了一段时间之后,发现孩子对天文知识的兴趣越来越浓厚,平时不爱读书的孩子居然会主动要求爸爸妈妈买来相关的书,一看就是大半天。这位妈妈也"投其所好",自己了解了更多天文相关知识后,和孩子一起探讨。这位妈妈通过读书学习、迎合孩子的兴趣,为孩子做学习榜样,营造一种良好的学习氛围,不仅为孩子的学习带来动力,还促进了亲子关系的和谐、健康发展。

第三,对于孩子的优点和好行为要积极地赞扬。

不要吝啬你的赞扬,很多人会对我说:"萌姐,我爸妈对我从小很严格,几乎得不到他们的夸奖,所以我对待自己的孩子也会采用同样的方式。"其实,这会让孩子产生自卑的心理。不管做得好与不好,家长都要有比较明确的态度,特别是当孩子做得好的时候,就要给予充分的鼓励和赞扬,而不是用打骂的方式去教育。萌姐有一次在街上,亲耳听过一位家长"教育"自己的孩子。这对母女在等红绿灯,街上还有很多人,我不知道具体发生了什么,只听到妈妈用恶狠狠的语气说了三句话："烂泥糊不上墙！""笨猪！""一天天的，你烦死我了！"一路上，孩子都没有说一句话，也没有悲伤的表情，只是木讷地站在妈妈旁边。萌姐不知道这位妈妈曾经多少次说出类似的话，每一言每一语，都是对孩子刺骨的伤害。

绿灯亮起的时候，这对母女匆匆走了，当时我心中有很多气愤和无奈，更坚定了我写这本书的决心。萌姐也发自内心地呼吁家长们，每个孩子在成长中肯定都会出现时好时坏的现象，当孩子表现好时，不要吝啬你的赞美；当孩子表现不好时，作为父母，如果只对孩子嫌弃、谩骂，恐怕也担不起"父母"这两个字沉甸甸的责任。请给孩子充分的耐心，孩子是未成年人，心智不成熟，正是需要父母引导的时候。给他们更多的自信心，是家长高情商的教育方式之一。

除了家长赞扬之外，还要让孩子学会自我赞扬。做完一件事情，可以引导孩子分析一下哪些是自己做得比较好的，哪些是自己做得不太好的，让孩子进行自我评价。早一点学会自我分析问题，对好习惯的养成有很大的帮助。

第四，不断重复、刻意练习和发展孩子的优势。

大家都应该知道 21 天习惯养成法则。在行为心理学当中，养成一个新习惯或形成并巩固一个理念，至少需要 21 天。萌姐也曾经看到过一个 90 天习惯内化理论。这项理论认为，形成稳定的习惯需要持久训练 90 天，大致分为三个阶段：第一个阶段是从第 1 天到第 21 天，这个阶段属于被动阶段；第二个阶段是从第 22 天到第 60 天，这个阶段属于主动阶段（产生认同）；第三个阶段是从第 61 天到第 90 天，这个阶段则属于自动化阶段（内化于心）。当一种行为坚持 90 天时，就会内化成为一种习惯，而且这种习惯会伴随孩子一生。

这说明什么呢？好习惯都是"磨"出来的，你要不断地重复、刻意练习。

就像我自己早起一样，每天雷打不动 5 点钟起床，坚持了 20 多年，没有一天偷懒。如果孩子想要养成一个好习惯，也需要时间去培养，不可能一蹴而就。

我再举一个比较详细的例子：孩子虽然喜欢跑步这

项运动，但是又无法坚持每天跑步，那么我们就一步一步来。家长可以让孩子先立下一个目标：这段时间就是要养成每天跑步的习惯。然后制订详细的计划，包括每天几点起床、跑多长时间、跑多少距离等。只有目标清楚，做起来才有方向、才有动力。

比方说，刚开始，孩子每天晚上跑3公里，那家长就要督促他去实行。第一次肯定很辛苦，孩子心里可能早就打了退堂鼓。人都是有惰性的，对吃苦的事情，身体自然会排斥，如果真的想去改变，就必须每天咬牙坚持，必须刻意去完成。当孩子完成之后，虽然十分疲倦，但能获得成就感。第二天、第三天继续坚持下去，孩子就会发现也不像一开始想象的那么难，坚持一段时间之后，他就会发现痛苦感逐渐减少，也变得越来越自然。当孩子坚持到21天之后，他就会主动要求继续去跑，如果不跑，他就会有空虚的感觉。那么这个习惯也就慢慢地养成了。第一个21天是习惯养成阶段，10个乃至100个21天是让孩子的核心竞争力达成阶段，孩子就可以慢慢地把当初的好习惯培养成特长和优势。

著名的教育家叶圣陶先生曾经说过这样一句话："好习惯养成了，一辈子受用；坏习惯养成了，一辈子吃它的亏，想改也不容易。"人一旦养成一个好习惯，就会不自觉地在这个轨道上运行。所以，当你的孩子养成一个良好的习惯时，他会自然而然地把学习摆在第一的位置。好习惯受益一生，希望每个孩子都能在父母的引导下培养一个又一个好习惯。

PART 2

全方位激发大脑,
让孩子更聪明

目的:以发散为主的解决力培养

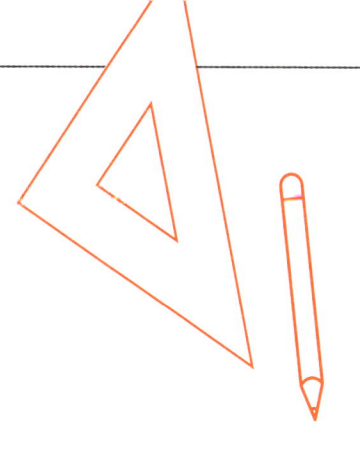

多元思考力

逻辑思维

孩子总是思路不清晰,做事没条理怎么办?

萌姐曾经收到一个年轻宝妈的私信,她说儿子的话很多,可以一直给你说下去,但是说了很久,她都搞不清楚他到底要表达什么意思。写作文也是这样,常看到语文老师的批注:通篇前言不搭后语,逻辑关系混乱,需要加强写作能力。这到底是什么问题呢?应该怎么改正孩子这样的问题呢?

总结一下,这个孩子的问题是:思路不清晰,做事没有条理。这个问题归根到底就是逻辑思维能力的缺乏。萌姐现在让每位家长朋友都做一个自查,大家看看自己的孩子是否有这样的表现。

自查的第一个方面是,看孩子日常沟通是否有词汇匮乏的表现。怎么判断孩子词汇匮乏呢？家长可以观察一下，孩子在描述某一事物时是不是总用单一的词反复表述。比如，表达今天天气很好，词汇量缺乏的孩子一般只会说"天气晴朗""天好蓝""云好白"，之后没有更加生动的描绘了。要表达妈妈很美，词汇量匮乏的孩子只能说出"我的妈妈很漂亮""我的妈妈非常美丽""我的妈妈长得很好"，而不会有具体的描述。

自查的第二个方面，家长可以观察一下孩子说话是否没有重点。也就是上面宝妈提到的，孩子讲了一大堆还不知道他要说的是什么。这类孩子在遇到需要辩解的场合时，是很难把事情的前因后果表述清楚的，甚至可能让人误会。

自查的第三个方面是，家长可以观察一下孩子说话是否颠三倒四、没有条理。他们想说什么就说什么，内容跨度很大，有时候前言不搭后语，不考虑倾听者是否理解，大多时候是一股脑儿地倒出，让倾听者很迷茫。

对上面这三个自查，如果你的孩子有两项甚至三项自查结果都是"是"，那就意味着他们的逻辑思维能力是有所欠缺的。这时家长应当引起重视，因为培养孩子的逻辑思维能力，对孩子现阶段乃至未来成长都有着积极的意义。

训练逻辑思维的好处有很多，最直观的体现就是孩子的语言表达能力。人际交往过程当中必不可少的就是交流对话，一开口就逻辑混乱的孩子，很难获得他人的欣赏和认可。

大家都觉得萌姐每次演讲都很深入人心，其实这个演讲背后"隐藏的秘密"就是逻辑思维作用的语言力量。逻辑思维严密的人，很容易高效且清晰地表明自己的观点，在交流中可以发挥重要的作用。

逻辑思维对孩子的成长有很大帮助，逻辑思维能力强的人能够灵活运用知识，不会受限于固有知识。他们做事严谨、不马虎，处理事情的效率较高。对于逻辑思维能力强的孩子而言，他们在面对困难时有更强大的自信心，有更多的机会去实现自我价值。

但是家长们也不必担心，逻辑思维能力并不是与生俱来的，大多数来自后天的培养。**家长可以从以下几个**

步骤做起，循序渐进地提升孩子的逻辑思维能力。

第一，要引导孩子多思考。 家长要多问孩子"为什么"和"你是怎么想的"。现在孩子都是家里的"宝"，家长喜欢把孩子的一切都安排得妥帖、周到，从来没有想过什么事是需要孩子自己做的。孩子一遇到什么问题，家长立马冲上去给予解决，并且还会站在道德制高点评论一下："你看，妈妈这样做才对，你就得这样去做。"这些言行让孩子几乎没有思考和反驳的余地。一旦孩子习惯接受你的答案，他就失去了自己独立思考的能力，也会逐渐地失去自我表达能力。

那么，怎样才能避免这种现象发生呢？家长应该有意识地给孩子多设置疑问，让孩子多表达自己的想法，鼓励他自己找到解决问题的方法。如果他自己搞清楚了这个问题或者自己有独特的想法，家长要肯定和鼓励他，这样他就会爱上提问—探索—讨论这个过程。

当然，你问"为什么"，孩子的回答不一定对。当达不到你理想的标准时，作为家长，你不要立马否决，要学会倾听，给予他鼓励和帮助，让他自己得出结论。

当孩子问到家长自己不知道的问题的时候,你要放下自己的姿态,不要随便发表不确定的言论,让孩子产生"我爸爸妈妈是百科全书,什么都知道"这样的想法。咱们可以同孩子一起学习,直到找出问题的答案,这也是为孩子树立一个榜样——讲求实事求是的榜样。希望每位父母都尊重孩子自己的想法,并且有耐心,这样才能让孩子的思考更有深度、更有意义。

第二,要引导孩子学会划分先后顺序和事情的类别。上面我们提到过孩子的逻辑思维能力不强的表现,包括说话没有条理、没有重点,对这样的问题,家长可以通过引导孩子学会划分事情的先后顺序以及归纳事情的类别来解决。

萌姐小的时候,萌妈就很喜欢让萌姐收拾自己的房间。通过这件事,我逐渐理解做事的逻辑。各位家长不妨也试一下这个办法。你的孩子只有处于自己建立的有序环境中,他才更容易对外建立秩序感,并从秩序当中找到规则,找到自己做事的一套方法,从而提升他思维方面的层次性。

收拾房间看似是件日常小事，但如果家长能够正确引导，孩子从中收获的则是逻辑思维能力的提升。家长可以给孩子订立两个步骤，先定下整理的顺序，再做类别归纳。

首先说说划分整理顺序。在划分整理房间的顺序时，不要让孩子做无头苍蝇。家长要引导孩子按照一定的顺序进行整理，可以让孩子选择是先整理衣柜还是先整理书桌，家长再根据他的选择帮他分析利弊。先整理书桌有什么样的好处呢？家长可以这样告诉孩子：书桌是整个房间当中每天都要长时间使用的，把它当作第一顺位整理比较重要。你和孩子这么一说，他就会明白。在这个过程当中，要让孩子知道每一个步骤都是有依据、有道理的。

明确了整理顺序，让孩子根据某些相同点，将房间里的东西进行分类。分类的依据可以是按照颜色、形状、用途等。比如说，整理衣柜的时候，就可以鼓励孩子去分类。按照功能分类，可以把衣物分为冬天的衣服和夏天的衣服；按照归属分类，可以把衣服分为爸爸的衣服、妈妈的衣服、自己的衣服。在这个过程中，让孩子体会到同样的东西可以从不同的角度去寻找规律。同时，还可以和孩子讨论，比较不同分类的优劣。

在游戏的过程中也可以培养孩子的逻辑思维能力，尤其是一些科学实验类型的游戏。父母可以和孩子一起做一些科学小实验，并且引导孩子逐步地去描述实验的步骤。在描述的过程中，当孩子有表述不清晰的时候，父母要及时帮助孩子完善。

这里萌姐分享一个场景。有一次，萌姐公司来了一位小客人，是一位同事的五岁女儿。小女孩的性格很讨人喜欢，于是萌姐和她一起玩了人造雪实验。在玩人造雪制作的时候，我就引导她："我们怎么才能做出人造雪呢？首先我们需要做什么呢？"小女孩就顺着我的话说了下去："首先，我们需要把它倒出来。"小女孩说的"它"是制作人造雪的粉末，"倒出来"是指倒在杯子里。我就完善她的话，并引导她重复一遍，我说："你的意思是把制造人造雪的粉末倒进杯子里吗？"她很机灵地说："没错，首先我们要把制造人造雪的粉末倒进杯子里。"接着我再问:"接下来怎么操作呢?"她告诉我:"往杯子里倒水。"这个回答很清晰、简洁,于是我又问:"倒水之后呢?"小女孩拿出一根搅拌棒饶有兴致地说:"这样子,雪就做出来了。"她所说的"这样子",是指搅拌,于是我就再次完善她的话:"用搅拌棒来快速地搅拌,使刚刚倒进杯子的粉末和水充分融合,人造雪就被制作出来了。"

由此可以看出,在这个人造雪的制作过程中,孩子所描述的语言是比较简单的,有些事情孩子无法特别清楚地描述出来,她可能会边做边说"先要这样""这样子就可以",这时候陪伴的家长需要描述出这个动作,引导孩子用更加完善的语言去形容。这样在不知不觉中就会锻炼孩子的逻辑思维。

第三,生活中要做潜移默化的逻辑训练。直白来说,逻辑训练就是帮孩子找到一个做事的框架,通过这个逻辑框架来一步一步地思考问题、解决问题。这个框架和萌姐常说的思维导图可以有一个碰撞。思维导图就是一个很好的逻辑思维的培养工具,它图文并茂,把各个主题之间的关系用层级图表现出来，把主题关键词与图像颜色等建立记忆联结，有利于扩散思维。家长可以引导自己的孩子做一个简易的思维导图。

我们还是用日常小事来举例子，以"洗衣服"为中心主题，做一个思维导图。家长需要先准备一张 A4 大小的纸和笔，首先把"洗衣服"写在中间，然后延伸出几个分支，如洗衣服的方式、步骤、注意事项等。

洗衣服的方式分为机洗和手洗，机洗的好处是方便，缺点是顽固污渍洗不干净；而手洗的好处是洗得干净，缺点是费力。家长可以先让孩子选择自己想要的方式。

然后，让孩子描述洗衣服的步骤。如果孩子选择机洗，机洗包括的步骤：①把衣服放入洗衣机；②倒入洗衣液；③操作洗衣机，开始机洗；④从洗衣机里拿出来晾晒。手洗又包括以下几个步骤：①浸泡——洗衣服之前先用洗衣液把衣服浸泡 15 分钟，有利于污渍的去除；②对衣物进行整体的轻揉搓洗；③重点清洗，把一些难去除的污渍反复搓洗；④把搓揉后的衣服冲洗干净，

⑤晾晒。

除了这几个点，孩子在洗涤的过程当中还能学到不同材质的衣服要分开洗，什么样的污渍要选择使用什么样的方法去除，等等。在实践操作过程当中，孩子可以不断地去完善这个思维导图，更直观地了解洗衣服这件事的逻辑思维。

通过小小的思维导图，孩子在脑海当中会呈现出一个做事的简单逻辑图，从明确概念、做出判断、推理论证到最后解决问题，一步步地找到做事的逻辑。

逻辑思维能力的作用是很大的，同时也影响着孩子的智力、语言表达能力和交际能力。一个具备较强的逻辑思维能力的孩子对自己的认知会更加深刻，解决问题也会更高效、准确。萌姐这么介绍下来，家长可能会发现，逻辑思维能力的培养好像不是特别难，就是拿生活中点点滴滴的小事来展开的。利用好日常生活中的小事，就能潜移默化地培养和训练孩子的逻辑思维能力。

表达思维

孩子表达混乱，说话颠三倒四怎么办？

哈佛大学首位女校长吉尔平·福斯特在一次演讲中提及表达思维的重要性时说："很多时候，给我们生活带来翻天覆地变化的往往是那些将语言视为行动的领袖。这些领袖有一个共同点，那就是他们都有超强的语言表达能力。"

这里我们要说的就是表达思维，孩子表达混乱，说话颠三倒四，家长应该怎么办？相对来说，这节是上节逻辑思维能力的延伸。孩子表达混乱，说话颠三倒四，我们说过是逻辑思维缺乏的表现之一，除了逻辑思维以外，还缺乏另外一种思维能力，就是表达思维能力。

表达思维能力强有什么表现呢？具体来说，就是孩子在描述一个事件的时候，分清主次、有理有据。简单来说，就是会说话，并且言之有物。孩子的表达思维千差万别：有的孩子能说会道，招人喜欢；有的孩子要么说话颠三倒四，要么就是不爱说话，"闷葫芦"一个。这就导致有些家长认为表达思维是孩子与生俱来的能力。其实，拥有好的表达能力并非易事。表达思维的建立更多地在于后天的培养和练习。

在这一点上，萌姐从小就深有体会。很多读者和粉丝都会说，萌姐，你看你现在在各个活动上演讲发言都游刃有余，一定是天生就能说会道吧。其实不然，萌姐小时候也不敢当众开口说话，看到别的孩子上课争先恐后地举手，在各种诗朗诵、辩论赛当中闪闪发光，萌姐的心里是非常羡慕的。萌姐虽然没有那些孩子能言善辩，但萌姐有一个非常好的特质，就是好胜心强，自己哪方面不足就立刻加强。在课外时间，我也是铆足了劲儿去练习说话。老实说，一个孩子没有什么技巧，只是埋头苦练，效果肯定不明显，开口确实是能够开口了，但说出来的东西还是混乱而没有逻辑的。

当时萌姐一看这么下去不行，于是向萌妈说了这个苦恼。萌妈当时也是摸索着帮萌姐去练习，在萌妈的指引和萌姐自己的努力之下，才成就了现在表达思维出色的我，让我站上了一个又一个舞台。

那我是怎么练习的呢？靠的就是练习表达思维。任何表达都是需要一定的思维来支撑的，没有一个好的思维方式，也就无法有一个好的表达方式。孩子会表达，不在于文采有多好，而在于是否讲得有理有据。这需要思维具有跳跃性，需要家长掌握一些实用性的思维方法，并且能够在生活中让孩子多加训练，帮助孩子养成好的思维模式。如此一来，孩子就可以做到在任何时候都能应景而说、自圆其说，不会陷入无话可说的尴尬境地。

现在萌姐就把妈妈当时教给萌姐的方法和大家分享，只要掌握这些方式，在交流表达当中直接套用，孩子的表达思维能力就会有大幅提升。

第一个方法，让孩子学会分清重点主次，并掌握总—分—总的表达结构。

好多孩子表达混乱的主要原因是分不清主次，说了一通天马行空且发散的话，说到最后也没有表达出重点和核心。这时候家长要做的就是引导孩子发现重点，有意识地说重点。有个方法我们在前一部分已经提到过，利用苏格拉底式的追问，引导孩子抓住表达的核心。这里我们还要说另外一个方法，这个方法是写作中常用到的。其实，写作和口语表达是相辅相成的关系，想要培养孩子的表达能力，家长不妨从写作中找到突破口。这个突破口就是孩子要熟练掌握总—分—总的表达结构，总分的关系就是明确重点和主次。

总—分—总是阅读和写作中常见的一种结构方式。总起开门见山，写出全文的中心论点，用几句简练的话做个概括；中间部分是若干个分论点，围绕总起句展开，一般都是并列地从几个方面表述总起句的内容；总结句一般放在结尾部分，对文章进行总结、深化、补充或者完善。

孩子在练习口语表达的时候，也可以这样套用相应的结构。家长可以让孩子用自我介绍这个主题来练习。

做自我介绍，首先是简单说一下自己是谁，明确亮出自己的身份。以几个核心信息作为表达结构中的"总"，比如姓名、兴趣爱好和个性。这几个重点抛出去之后，别人就对你有了一个大概的印象。然后就分几个点，从几个特别的兴趣爱好或者优点展开介绍。最后，做一个总结。这样表达能让听众在最短的时间记住你。

经过萌姐对总—分—总结构的拆解，你是不是感觉不是特别难？总—分—总结构是练习表达能力最基础也最有效的方法。家长要让孩子在日常生活与学习中反复地训练，不断地运用，最终形成结构化思维。

第二个方法，让孩子学会表达的"123 原则"。

上面我们说的总—分—总表达结构，其实就是训练孩子在表达当中要注意"轻重缓急，分清主次，说重点"。那么第二个方法，就是让孩子学会表达的条理性，充实说话的内容。

表达就跟整理东西一样，我们可以将脑子里信息量庞大的、杂乱无章的内容，根据表达的目标，整理成信息流。这个信息流可以分成几份，但是在口头表达这种转瞬即逝的动态交流中，最好不要超过三份。一个成年人的短期记忆都做不到一次记七八个消息，更何况是孩子呢，所以只要让孩子记住三个就好。这就是表达的"123原则"。当孩子有很多内容需要向我们输出的时候，就让孩子将这些内容切分成三个点，逐步陈述出来，这是最好的逻辑梳理方式。这样一来，不仅表达者输出的信息是有序的，倾听者也很容易接收和理解。

萌姐举个例子来说明一下，让家长可以更容易理解。所谓表达的"123原则"，就是用数字去说明。比方说，做一件事情给你带来的影响是什么，根据表达的"123原则"，我们就把影响分为三点来论述。第一个影响是什么，第二个影响是什么，第三个影响是什么，这种罗列方式就是一种并列的关系。也可以这么说，首先在哪个方面有什么样的影响，其次是怎么怎么样，最后如何如何了。这样的罗列陈述方式，会给别人非常清晰又很有条理的感觉。针对"影响"这个结论，用三点去讲述，综合起来就构成了论证的那一个结论的理由。这一套表达模式下来，别人就会知道你的想法了。

当然，这个表达的"123原则"只是一般化的运用，在生活当中，我们不可能说什么都用并列关系，要让孩子懂得学以致用，通过不同形式的变体，以"123原则"的思维架构去组织自己的语言，构建自己的表达。

第三个方法，先把观点写下来，再去表达。

请记住：好记性不如烂笔头。有时候孩子想得明白，但是说不清楚，这是因为记不住那么多。家长应让孩子先打腹稿，也就是做事之前先把整个事件的框架、步骤在脑海里过一遍。在表达能力训练中，打的腹稿要借助纸跟笔把提纲、步骤一一写下来，用几个关键词去描述它，然后对照着一步一步去做。

做事不打腹稿立即行动的孩子，看似执行力很强，实则思路混乱，浪费的时间会更多。

列担纲当然也有窍门，结合萌姐上面说到的两点，家长可以让孩子在纸上按照总—分—总的结构写下来，或者写出一二三。这是整体的框架，你不妨先让孩子把它放上去，然后再去扩充。

打腹稿不是让孩子写一篇作文，恰恰相反，家长要教会孩子如何缩写作文，扩充的是关键词和观点，主要的观点要详细写。如果有例子，就简单地提示一下。这样，简单的腹稿就完成了。孩子在表达的时候，如果思路断了也没关系，看一眼提纲，孩子适当地展开，之后就可以正常表达了。

第四个方法，训练孩子在表达时的心态。

首先，要帮孩子建立自信心。有了自信，孩子才能克服紧张的情绪，跨出开口的第一步。家长除了在平时多给孩子一些激励之外，也要让他学会自我暗示，发言之前在脑海里默默地说一声"我是最棒的"，给予自己充分的肯定之后再进入好的状态。

有了状态之后再发言的时候，有几个需要孩子注意的点：请一定要记得不要急于表达，俗话说，心急吃不了热豆腐，在和别人交流的过程当中，孩子要学会去倾听，在倾听的过程当中罗列出自己想要表达的几个点，想好了之后再去说。

其次，要让孩子控制说话的语速。别人家的孩子说话轻声细语，自己家的孩子如同鞭炮噼里啪啦地一顿讲，这么一比较，差距就出来了，家长应让孩子尽量放慢语速，把每一句话尽可能清晰地表达出来，绝不能放任语调的巨变或者语速加快。孩子只有保持沉着冷静，尽力把握自己的节奏，形成自己适应的节拍，才能更好地完成表达。

最后，要让孩子学会掌控他的负面情绪。当孩子与人沟通的时候，即使他听不懂，也要有耐心，而不能闹脾气。萌姐在生活工作当中就经常告诉身边的人，要学会做情绪的主人公。很多情况下，把负面情绪表达出来，会带给人非常大的影响。家长在引导孩子做表达思维训练的时候，要让孩子特别注意以上几个点，关注孩子在表达时候的心态，帮助他逐渐收获人生中的成长。

要想锻炼孩子的表达思维，家长还需要特意创造情境，给孩子提供表达的机会和平台。

平时还可以多安排一些活动，给孩子提供练习的平台。比方说，每天吃完晚饭，一家人随机选择一个主题来自由发言。也可以每天抽出特定的时间，去问一问孩子一天中发生的有趣的事情，可以鼓励孩子按照时间顺序去叙述，比如孩子上午做了什么、下午做了什么、和谁一起、心情怎么样，等等。家长对孩子的提问也能让孩子对自己所讲述的内容进行回忆，以增强孩子的记忆力和理解力。

家长也可以鼓励孩子积极参加学校组织的一些小型活动，如班会的演讲等。长此以往，这些实践训练就可以让孩子在活动中熟练地掌握表达能力。

有人说讲述者往往比倾听者更加自信，因为他们知道事情的起因、经过，在沟通的过程中占据主动权。那么家长可以提供更多的机会，让孩子成为事情或故事的讲述者。现在自媒体和视频号很流行，只要有手机就能注册。和萌姐相熟的一位宝妈，就为自己的孩子申请了专门的视频号，起的名字就叫"小宝趣味说历史"，这其实就是一个很好的锻炼孩子表达能力的平台。这位妈妈就是在利用让孩子讲故事、录制视频的方式提高孩子的语言表达能力。翻看这个视频号的时候，萌姐可以明显感觉到孩子的表达能力是在逐步提升，慢慢进步的。

第五个方法，多阅读，注重积累。

萌姐之所以在任何场合都可以自如地表达，除了一直用上面提到的四种表达技巧进行训练之外，萌姐头脑中还有个庞大的素材库，正是这些平日的积累，才让我可以随时就任何一个话题侃侃而谈。萌姐是终身学习的实践者，工作之余，我一定会抽出时间进行大量阅读，更新自己的知识体系，用阅读来武装自己的头脑、丰富自己的表达。任何一个人的表达能力，都跟他头脑中的知识储备息息相关，而想要拥有渊博的知识，最有效的方式就是让孩子多读书、多积累。

　　萌姐曾经在网络上看到过一段关于《三国演义》的剪辑，情节是刘备、关羽、张飞三人结拜时的场景。尊刘备为大哥时，关羽的表达是："关某虽一介武夫，亦颇知'忠义'二字，正所谓择木之禽得栖良木，择主之臣得遇明主，关某平生之愿足矣。"一番慷慨激昂之词后，镜头对准张飞，他只憨厚地说了四个字："俺也一样。"这段情节在网络平台很火，网友们纷纷调侃读书和不读书的区别。萌姐看完之后，立刻回忆起我的小学语文老师经常对我们说的两句话："巧妇难为无米之炊"和"腹有诗书气自华"。其实，语言表达无非就是把心中所想通过嘴巴说出来。一个大量阅读的孩子，他的表达中除了日常生活琐事，还有更深层次的东西。比如，两个孩子同时看到天空中的月亮，一个只会说"月亮好圆""月亮好亮""月亮好美""月亮被云遮住了"。而一个注重阅读、注重积累的孩子，表达出来的会是"月亮像一个挂在空中的白玉盘""又像是一面古人的梳妆镜""飞在夜空的青云之上"，说不定他还会直接引用一段古诗词，或者和你探讨一下人类探月的历史。

　　语言表达能力是一个优秀孩子的必备能力，这涉及他与他人的交流，进而涉及孩子的个人发展。出众的语言表达能力能让孩子更受欢迎，更好地打开孩子的社交之门。

故事思维

孩子思考问题一根筋,缺乏想象力怎么办?

这一节我们要聊的是故事思维,孩子思考问题一根筋,缺乏想象力怎么办?萌姐的朋友曾经和萌姐讲到了关于孩子想象力的一个问题,她说上周到孩子的幼儿园参加了一次公开课,老师带领孩子们画月亮。有的孩子画了一个被虫子咬过一口的苹果挂在空中;还有的孩子直接在月亮上画了一个小人,说月亮是一个百变的魔法师,每天都换新衣服;等等。当她满怀期待看自己孩子作品的时候,发现偌大的白纸上就只有一个圆圆的月亮,没有一丝新意。她和萌姐说,才开始上幼儿园,别的小朋友就敢说敢想,而自己的孩子一板一眼的,特别担心之后会与同龄人拉开距离。

萌姐特别能理解她的心情，其实她的孩子只是缺乏想象力罢了。想象力指的是人通过大脑创造画面的能力，通过对外界的探索，保持对未知事物的好奇心所获取的。无论是在孩子未来的学习还是工作当中，想象力都是至关重要的。那为什么孩子会缺乏想象力呢？家长可能需要从自己身上找找原因。

你可以想一下，有没有让孩子过早地接受教育。萌姐看到各类早教班、天才孩子兴趣班层出不穷。有些家长甚至在孩子还不会说话的时候就让他们上各种类型的培训班。早教班确实重要，但需要把控时间。只有在孩子对外界事物有一定的认知之后，你才能把早教当作一种辅助手段来发挥它的作用，在孩子这个本该有好奇心、想要探索世界的年纪，太早让他去学习识字、绘画，会阻碍他的想象力发展。

你再回想一下，有没有让孩子过早地接触电子产品。现在很多家长都比较忙，要工作，带孩子的任务就交给了老一辈。有的爷爷奶奶或姥姥姥爷习惯把手机啊，iPad啊丢给孩子玩。即使父母亲自带孩子,为了"省心",也习以为常地让孩子玩电子产品。孩子只能从小小的屏幕中去获取些许信息,这也可能导致孩子的想象力变弱。

很多家长看到这可能会说,我们的初衷都是好的,但是没有想到会有那么大的影响,有没有什么办法可以补救一下呢?接下来,萌姐就来聊一聊如何培养孩子的想象力。

谈到想象力,萌姐就要提到一种新的思维——故事思维。故事思维指的就是自我启发式的思考过程,侧重事物过程的描述,帮助孩子在寻找故事和讲述故事的过程中发挥想象力。

如何培养故事思维?有以下四个原则或方法可以作为参考。

第一,作为家长,千万不要扼杀孩子的想象力。在孩子的世界里,家长就是权威,家长说的话会对孩子产生极大的影响,在孩子较小的时候,家长就要注意不要过多向他传达所谓的"标准答案"。萌姐曾听过这样一句值得我们思考的话,分享给家长:妨碍学习的最大障碍，并不是未知的东西，而是已知的东西。就像搭积木房子，如果按照图纸上给出的步骤按部就班地安上去，孩子很快就会完成，家长应该让孩子脱离"标准答案"，鼓励他从不同角度去认识事物的多面性。

如果孩子总是受到"标准答案""思维定式"的影响，那想象力自然无从谈起。家长应该告诉孩子，房顶可以是圆形的、三角形的，烟囱可以是各种各样的，让孩子根据自己不同的想法去创造。孩子的想法总是天然的、令人耳目一新的，家长不要去阻碍他们的想法。

当孩子向你提问的时候，更不要敷衍了事，而是要拿出积极的态度去回应，不要让孩子失去分享的动力。萌姐小时候总是喜欢提各种问题，堪称幼儿园的"十万个为什么"，老师一说"同学们，还有什么问题吗"，我立马就把手举得高高的，把自己不懂的问题都抛向老师，而老师回答完我的问题，还会给我布置一个小任务，就是让我回家跟父母再探讨一遍。我的父母还会鼓励我多问多想。

每个家长都要学会尊重孩子的想法，不应该在孩子跟自己分享这些天马行空的想法时直接否定或者不回应，而应该给予孩子充分的鼓励，让他的想象力在无形中得到锻炼与升华。

萌姐小时候的想象力就是这样被萌妈精心呵护的。萌姐小时候也是一个闲不住的孩子，萌妈做饭的时候，我经常会到厨房捣蛋，要么抢一块妈妈正在和的面，要么去菜叶上找找有没有被小虫子咬的洞，萌妈倒是毫不介意，还会引导我用择下的叶子摆出各种各样好看的小动物造型。另外，萌姐小时候常常和萌妈一起在白云万里的大晴天看云彩，我在萌妈耳边叽叽喳喳说个不停，这朵云彩像一位穿裙子的公主，那朵云彩像拿着金箍棒的孙悟空，萌妈从来都是耐心而津津有味地在一旁听着。

第二，家庭规范或规则不要苛刻和古板。

萌姐了解到，有些家庭往往会有比较严格的家规，要求孩子必须怎么样或者不准怎么样。这样严格的家规直接会导致孩子在成长的过程中循规蹈矩，不敢有稍许过界的行为。行为上中规中矩的孩子往往就会缺乏创造思维。没有规矩不成方圆，而适当地改善一下规则，能让孩子的成长环境更加宽松，不会被规则绑架。

首先，家长可以设置一些开放性的作息时间，平衡好学习和娱乐。有时，严格的时间规定也是对孩子思维的限制。家长不妨模糊具体的时间，可以把时间点设置成时间段，根据具体情况决定具体要做的事情，不要让孩子有紧迫感和压力。

娱乐的时间和学习的时间要适度把握，在娱乐的时间里，孩子更容易创造想象。

除了开放且弹性的作息之外，家长还可以跟孩子玩角色扮演游戏，以打破固有的亲子关系。每个孩子都玩过过家家的游戏吧，玩过家家的时候，孩子会研究家人朋友之间的关系，在扮演父母的过程中了解到父母对子女的关爱。这种想象游戏可以激发孩子的思维，我们可以让孩子在游戏中体验做父母的感觉。游戏可以削弱父母的威严形象，拉近孩子与你们之间的距离。在角色扮演的过程中，家长应调整好自己的角色，跟随着孩子去展开游戏。

在实际生活中，大多数事情都是由家长负责做决策的，在这类游戏中应该让孩子自己做出决定，家长在参与的过程中还要表现出重视并且赞赏孩子的想象力和主动性。

孩子之间也可以玩角色扮演的游戏，而且在成人不干预的状态下，孩子们可以很好地自己分配角色，推动游戏情节发展，甚至有时候会动手制作出角色扮演的道具。

第三，多与孩子互动，并且提一些启发性的问题。

和孩子多互动，首先表现在面对孩子提出的问题时，家长要认真回答，不要敷衍。有的家长会和萌姐抱怨，自己家的孩子虽然在学习上不上心，但是经常问自己一些奇奇怪怪的问题。这时候其实就是家长和孩子互动的最佳时刻，也是家长帮助孩子打开思维、扩大视野的好机会。

萌姐的小外甥女就是会提出千奇百怪问题的孩子。有一段时间，她特别喜欢和小区里的小伙伴们一起看蚂蚁，还问了我一个问题，她说："舅妈，为什么蚂蚁的力气比人还大？"当时我听了之后，第一反应就是蚂蚁的力气怎么可能比人大。于是我就问她为什么会这么问，小外甥女就把自己观察到的现象说给我听："蚂蚁虽然身体小小的，但是能够拖动比自己身体大几倍的食物。想到自己连个大西瓜都抱不动，我就瞬间觉得蚂蚁好伟大。"孩子的观察能力其实很强，有时候他们说的话看似无厘头，实际上是自己最真实的想法。面对孩子的问题，如果家长总是敷衍了事或觉得无聊，甚至干脆不回应孩子，其实是在无形中打压了孩子求知探索的欲望。

现在说回刚刚小外甥女问我的问题，我当时真的不知道怎么回答。后来萌姐上网查了一些资料，又带着小外甥女去书店查阅了资料，才找到让她满意的答案。后来萌姐又专门买了一些适合她看的关于昆虫的科普读物。那段时间，小外甥女俨然化身为一个小小生物学家，经常给小区里的小伙伴们科普一些昆虫的知识。

很多活泼的孩子喜欢提问，而有些孩子比较内向，则需要父母主动地多跟孩子互动，提出一些有启发性的问题，引发孩子的好奇心，激发他们的创造性。虽然大家都知道牛顿和苹果的故事，但是不可能每个孩子都被苹果命运般地砸中，而需要父母去点醒。

启发性的问题可以在哪儿提出来呢？这也很有讲究，萌姐建议家长多带孩子去大自然和博物馆。选在大自然，是因为现在很多孩子都在城市里长大，吃的用的都是经过加工处理的，往往缺乏跟自然的亲密接触，而只有当他们真正赤脚踏在土地上，才能真正放开自我想象力。趁着这个时间，家长就可以在旁边提问："你见过的泥土还有什么颜色的？爸爸可知道很多种呢！""今天我们去摘了草莓，那你可以跟妈妈说一说，草莓是怎么一步一步地种出来的。"大自然是最好的教科书，寓教于乐，通过这样的互动，能够让孩子在自然界中培养想象力。

除了走进大自然，还可以去一些博物馆参观。有些东西没有看到，是我们无法想象的，而博物馆有助于孩子在具体实物和抽象概念之间建立一种联系。我们经常说的月亮、星星，可能孩子心中不知道星星到底是什么形状的，我们就可以把孩子带到天文馆里，让孩子通过使用天文望远镜观察星空，帮助他们更好地理解这个概念。家长经常带孩子参观各种各样的博物馆，可以让孩子打开无数的知识窗口，同时也打开眼界，活跃思维。

第四，家长可以跟孩子一起玩创作的游戏，刺激孩子更多的想法。

著名儿童教育家陈鹤琴先生说过："儿童本性中潜藏着强烈的创造欲望，只要我们在教育中注意引导，并放手让儿童实践探索，就会培养出创造力，使儿童最终成为出类拔萃、符合时代要求的人才。"孩子的想法本来就天马行空，父母需要做的就是利用巧妙的方法，刺激孩子产生更多的想法，从而激发孩子的想象力与创造力。这里我举两个行之有效的例子，一个是编故事，另一个是美术创作。

萌姐首先来说编故事游戏，编故事游戏可以分三个步骤。

第一步，家长讲一个耳熟能详的故事，让孩子熟悉里面的情节、人物，故事长度控制在十分钟以内。注意，这个故事的结尾，一定要埋下伏笔。

第二步，家长跟孩子共同讨论，想象后续的情节发展，鼓励孩子把自己想的说出来。

第三步，在之前的基础上，鼓励孩子独立编故事。刚开始玩这个游戏的时候，孩子可能会不知所措，不知道到底怎么进行，这时就需要家长在旁边引导、协助、补充。

萌姐就拿小朋友们都听过的"龟兔赛跑"的故事来举例吧。你先给孩子讲龟兔赛跑的故事：森林里开运动会，乌龟跟兔子赛跑。兔子因为得意忘形，比赛途中睡觉，最终输了比赛。这是原本的情节，之后可以这样引导孩子：时间过得很快，第二届森林运动会又要开始了，老冤家又在决赛当中碰头。这一次，乌龟跟兔子谁会赢呢？留下这个设想之后，你可以跟孩子一起分析兔子和乌龟的优、缺点，让孩子选一个角色进行发挥，家长可以选一个角色续写，写完之后跟孩子一起分享。待孩子熟悉这个编故事的模式之后，家长就可以给孩子提供一些特定的情节，让孩子自己去发挥，独立编写一个故事。通过编故事的方法，不断地去练习。慢慢地，孩子的想象力就上来了。

说完编故事游戏，接着再来说说美术创造如何激发孩子的想象力。其实，绘画是一种最简单、最直接的训练想象力的方法。本节最开始那位妈妈的焦虑，正是由于自己的孩子画出的画中规中矩而没有想象力引发的。这时候，妈妈完全可以把绘画这件事作为想象力的训练方式。比如，孩子画出的月亮是一个中规中矩的圆，妈妈可以这样和宝贝说："你画的月亮真是太圆了，非常棒！咱们可以一起想一想，除了月亮是圆形的之外，还有什么东西是圆形的？"妈妈可以在纸上多画几个圆形，和孩子一起头脑风暴，以圆形为基础，创造出更多的"月亮"，比如棒棒糖、游泳圈、小鱼、蜗牛、七星瓢虫、足球等。

除了绘画这一种形式，家长还可以陪孩子一起进行美术创造。也就是说，家长要告诉孩子，不要局限于用笔去画画，生活中很多物品都是可以用来进行美术创造的。我们不妨引导孩子去发现。比如，废弃的快递盒子，家长可以和孩子一起将它变废为宝，做成一所小房子等。创造的过程就是对孩子思维能力和想象能力激发的过程。

最后，萌姐再分享一个启发孩子故事思维的有趣游戏，相信很多家长小时候也都痴迷于此，那就是脑筋急转弯。脑筋急转弯游戏可以让孩子打破固有的思维模式，脱离日常的思考习惯，另辟蹊径来回答问题。而且脑筋急转弯能够培养孩子的幽默细胞，无论在亲子相处中还是与朋友相处中，一个天马行空的脑筋急转弯能够立刻让气氛活跃起来。

绝大部分孩子都是天生的幻想家，作为家长，要做到的就是不要有意无意地压制、扼杀孩子的想象力。正如前面所说，孩子缺乏想象力，其实大多数跟父母的教育有一定的关系。希望每个家长都能重视起来，保持孩子对世界的好奇心，给他们创造良好的激发好奇心的环境。

创新思维

孩子总是爱钻牛角尖，敏感较真怎么办？

这一节我们要聊的是创新思维，孩子总是爱钻牛角尖，敏感较真该怎么办？很多家长都跟萌姐说过，自己的孩子小升初以后，成绩下滑得很厉害，特别是数学方面。上小学的时候，几乎每次考试都可以拿满分，自从上了初中，成绩出现直线下滑，取得"良好"的成绩都很吃力。这是什么原因呢？

其实，小学阶段的孩子接受的大多数是最基础的教学，同类型的题目，一道题会了之后，后面套用公式就都学会了，所以说在小学这个学习阶段，孩子只是笼统地接受知识点，还没有到分析问题的层面，孩子只要努力一下就能做到。上初中之后，孩子的学习不管从学习的量还是难度上，都有一个大的跨越。到了初中，学科一多，难度一大，孩子就有压力了，很多题目不是靠一个公式、一个概念就能解决的，更多的是要求孩子掌握举一反三、论证推理的技巧。一道数学题得出的结果需要应用多种解决方案和思路，孩子只有从多个角度出发，把现有的公式变通，才能最终获得相应的答案。如果你的孩子在学习上爱钻牛角尖、一条道走到黑，不撞南墙不回头，那么他的成绩也就不会有太大的起色，跟别人的距离也会越拉越大。要想解决这个问题，家长就应该先帮助孩子克服思维的定式。

　　思维定式也称惯性思维，是由先前的活动造成的一种特殊的心理准备状态，在环境不变的情况下，定式只能让孩子使用已掌握的方法去解决问题，而在情况变化的时候，孩子就会被捆绑住，难以有新的创造。

　　思维定式让孩子的思维受到局限，帮助他们克服思维定式的唯一方法就是培养他们的创新思维，让孩子通过反常规的思考，从不同的视角去看问题，提出与众不同的解决方案，从而得到最优方案。那么，孩子的创新

思维要怎么培养呢？萌姐有几个做法可以供各位家长参考。

第一，给孩子足够的安全感和信任感，多鼓励孩子。

根据萌姐的观察，那些爱钻牛角尖的孩子更容易敏感较真，是因为他们的内心还不够强大，一旦有人指出他们的一点点错误，他们就会感到不安，甚至失去信心。这些孩子的家长需要在日常生活中给予孩子足够的安全感和信任感，可以通过鼓励的方式，让他们放下心理压力。

如果你的孩子长时间陷入另外一种困境中，比方说半小时都低着头、咬着笔杆在想问题，这个时候家长就有必要去引导一下。萌姐还记得在上学的时候，我们班主任就常常组织我们进行小组讨论。课上老师会抛出一个点，不急着让我们给出正确答案，而是让我们互相讨论、分享各自的观点。这个方法我们屡试不爽，很多时候自己没有想到的点被其他同学发现了，而且他们会跟你分享自己在思考过程中的点点滴滴。

萌姐觉得这个方法能够延伸到课堂之外，家长在家里也可以这样去操作，每次孩子做完作业后，就可以安排一个家庭分享的小会议。在会议上，孩子可以说出自己心中的困惑以及遇到了哪些困难，家长可以积极提问，也可以引导孩子提问，不要让孩子陷入思维封闭的怪圈当中。

孩子在父母的倾听和引导下，会保持对问题的好奇心和求知欲，以及主动思考的质疑态度和批判精神，逐渐形成自己的一套处理方法，以此来克服思维定式，走出思维的僵局。

第二，鼓励孩子逆向思考和多元思考。

我们先来聊一聊逆向思考。逆向思考是对已成定论的事物或观点反过来思考的一种思维方式。敢于反其道而思之，让思维向对立的方向发展，从问题的相反面深入地进行探索。"司马光砸缸"这个故事大家都应该知道吧，故事里的一个孩子落水了，可能最常见的思维是喊大人来救，司马光就很聪明，他想的是怎么能够让水流出来，他用的就是逆向思考。

很多小孩子想问题都是从正面切入，家长要尝试让他们练习从反向去思考，倒着看问题。当孩子在成长中真正遇到一些复杂题目的时候，就会学着从结论往回推，从求解回到已知条件。这样反过来想，难题或许就能迎刃而解了。

除了逆向思考之外，家长还要帮孩子建立多元化的认知体系。

什么是多元思考方式呢？简单来说，就是通过结合多个学科的知识，从不同的维度来观察分析问题，从而得出比较客观的结论。它属于一种比较发散的思维方式。当你的孩子说以后想成为一位建筑设计大师，那可不是单纯地去学画画这么简单了，建筑设计领域所涉及的学科知识非常庞大，包括物理学、数学、材料学、美学等。当孩子明白这一点后，他就已经拥有一个强大的多元认知体系了。

现阶段怎样去培养孩子这种思考方式呢？可以让孩子从多个角度去思考问题，从各个线索中推理出最终答案。在学习中，孩子尤其要注意不能偏科，要全面发展。

第三，转移孩子的注意力，鼓励孩子创造多种可能性。

孩子的心智还未成熟，比较容易受到书本知识或者老师权威的影响。对于这种权威，孩子通常都是单方面地接受，而不会有去验证或者提出疑问的想法。家长帮孩子检查作业的时候可能会问："你是怎么得出这个答案的，可以跟妈妈说说你的思路吗？"一般孩子就会说"老师就这么教的"，或者"书上是这么写的"。

这个时候家长也不要着急去说教，你可以转移一下孩子的注意力，从其他方面着手，让孩子自己说服自己。

首行，先观察，再学习。每个家长都玩过找不同的游戏吧，就是给你两张看起来完全相同的图片，告诉你有几处是不一样的，然后通过观察对比找出这些不同点。萌姐提到这个游戏，就是为了告诉家长，如何让孩子知道解题的方法远远比答案多。如果你的孩子只认答案，你就可以用相同或者不同的案例让孩子多观察，找出不同和相同。在观察探索的同时，引导孩子有条理地进行重点分析，最终确认答案。

其次，通过实践找到答案。到实践中寻找答案也就是发挥孩子的主观能动性，让他自己动手。比如说，500克的铁跟500克的棉花，是不是一样重？虽然这种题目在成人看来很容易，但是孩子在潜意识里会认为棉花的质量要比铁轻一点的，课本上说是一样重，好像不敢确定。那我们就让孩子亲手去测量一下这个重量，亲眼所见的实验结果会让孩子对这个记忆点更加深刻。实践得出的结论要比只听概念权威多了。

通过以上两个做法，可以让孩子不拘泥于固定的思维和权威，鼓励他们去寻找答案，创造更多的可能性。

第四，让孩子认识到不同的世界，提升视野格局。

现在特别流行一个词，叫作"大局观"。孩子的视野不是天生就形成的，同样取决于家长后天的引导。家长应该用对应的方法帮助孩子认识到不同的世界，提升他们的视野格局，让孩子拥有大局观。古人说得好：读万卷书，行万里路。我们可以通过阅读和旅行来帮助孩子打开眼界，开拓思维。

阅读的重要性萌姐就不再强调了，前面提到的几个思维能力的培养都离不开阅读这个好习惯。现在的科技发达了，不管是纸质书还是电子书，阅读的渠道都很多，孩子随时随地都能从书本中获得最新的知识。阅读是一个长期积累的过程，家长可以让孩子养成每月读一本书的好习惯，然后写下读后感，让孩子在书中领略到世界的精彩。

关于阅读，萌姐还想多说几句。很多孩子阅读的内容比较局限。这是什么意思呢？比如孩子爱看科幻、魔幻类的小说，他的书单绝大多数是《哈利·波特》系列、《神奇树屋》系列等；有的孩子对自然感兴趣，他选择的书目就大多是《植物百科》《奇妙的自然》等科普类型的图书。这其实就限制了孩子的阅读范围。

按照内容来分，图书可分为虚构类和非虚构类。其实，这是欧美国家常用的一种图书分类方法，近年来国内才开始流行。所谓虚构类图书，从字面看就很容易理解，就是现实生活中不存在的，是作家创造出来的。小说是虚构类图书的主体，也包括诗歌、戏剧、绘本故事、寓言故事等。这类题材的图书演绎的都是天马行空的故事，阅读虚构类文学作品，可以拓宽孩子想象的边界，提升孩子的审美能力。虚构类图书也是很多孩子非常爱看的类型。像刚刚萌姐提到的《哈利·波特》《神奇树屋》，就属于虚构类图书。

非虚构类图书，其内容题材丰富，比如自然知识、科技知识、社会历史知识等，可谓"知识类读物"。非虚构图书往往干货满满，作者也会将其想要讲的知识以独特的逻辑和趣味的方式表达出来。神秘的海底世界、充满未知的外太空、叱咤风云的古代战场等——孩子可以在非虚构类阅读中认识到世界的广大与奇妙，明白还有更奇妙有趣的事等着自己去探索和发现。家长可能会说，孩子非虚构类阅读很少，如何引导他更有效地阅读呢？可以从孩子的兴趣点着手，发现孩子感兴趣的那个点。比如，孩子喜欢恐龙，不妨从恐龙百科看起；孩子喜欢汽车，不妨陪孩子选一些和汽车相关的书。当孩子接受了非虚构图书的叙述方式后，家长可以让孩子再慢慢拓展更多的非虚构类阅读。

除了书本知识之外，家长也要让孩子多接触社会，走进自然，增加见闻，一旦孩子见识面广了，思考问题时就会结合书本与实际，在两者兼备的情况下，孩子想问题的思路也会更加开阔。这也是提高孩子创新思维的有效方法之一。

当然，萌姐说的行万里路不一定是去多远的地方旅行。如果家长平时抽不出时间，也可以在周末带着孩子去附近的公园、博物馆，每次去一个地方，都让孩子试着写一下当天的心得。可以这样引导孩子：这次我们收获了什么呢？和之前的认知相比，有什么不一样？一旦有思考、有行动，孩子就会从固有、固执的怪圈里把自己释放出来，走进更新的世界中。

对爱钻牛角尖、敏感较真的孩子，家长要循序渐进地帮助孩子走出思维定式的误区。

科学思维

孩子偏信、盲从、没主见，怎么办?

有一年春节，萌姐遇到了家里两个亲戚的孩子，他们年龄相近，但性格明显不同：一个非常活跃，喜欢在大家面前发言，喜欢表现自己；而另外一个非常不爱说话，总喜欢躲在人的身后，和他对话，他就支支吾吾，拉着父母的手去求助，希望代替他去回答。萌姐不禁思考，是什么原因造成他们的性格有如此大的反差呢？

萌姐那会儿其实已经在筹备这本书了，我跟他们的父母好好地聊了聊，这才发现问题的所在。比较内向的那个孩子，父母平时出于好心和宠溺，清除了孩子遇到的所有障碍，大大小小的事都替他包办了，对孩子唯一的要求就是要乖、要听话，这才导致现在出现了这样的问题：孩子只能按照父母说的去做，到了外面自己也很少去处理问题，习惯性地放弃自己决策的权利。

看到这个现实生活中的案例，可能很多家长也都意识到"好心"的弊端了。每个家长潜意识里都希望孩子成龙、成凤，孩子也能够独立地长大。但是又担心自己放手孩子会面临很多风险。如果没有一个好的方法去处理这个矛盾，对这个孩子今后的个性和健康发展都是非常不利的。那么，我们该如何去解决呢？

这一节我们将会提到一个新的思维能力，叫作科学思维。科学思维是指尊重事实和证据，崇尚严谨和务实的求知态度，运用科学的思维方法认识事物、解决实际问题的思维习惯和能力。对孩子来说，科学思维就是一种独立思考和开放的思考方式。它会让孩子摒弃盲从、偏信的惰性思考模式，迈开自我认知的一大步。

萌姐将"如何提高科学思维"进行分解，家长按照这四个做法，可以培养孩子的思维能力。

第一，家长要放手给孩子一定的独立思考空间，弱化孩子的依赖性。

当孩子长期处于家长强势的环境中,就会慢慢地失去表达自己的意愿和想法。每位家长都要放手给孩子一定的独立思考空间,弱化孩子的依赖性。一个有效的方法就是让孩子学会独处,独处是自我认知能力快速提升最好的机会,孩子在独处中可以学会思考问题、提高专注力。

要想教会孩子独处就必定要给孩子留出一定的空间,有条件的话可以给孩子准备一个书房作为自习室;如果条件不具备,也可以在家里的一个角落给孩子划分出一小块空间,让他有安全感和专属感,家长不要干涉。这样孩子就可以尽情地做自己喜欢的事,学会自己跟自己相处。

除了一个独处空间之外,家长也要为孩子创造心理上的独立空间。

每一个缺乏主见的孩子的背后,必定有一位不肯放手的家长,正是父母什么都亲力亲为,才导致孩子养成了重度依赖。当孩子遇到事情的时候,家长要先给他一定的缓冲时间,让他自己先思考,如果还是不能解决,家长再给予帮助。只有给孩子独立思考的空间和时间，孩子才能慢慢地养成独立思考的习惯，才能拥有更大的创造性。

第二，孩子有疑问和新想法的时候，不要一味地反对或嘲笑。

这里给大家讲一件萌姐小时候的趣事：上幼儿园那段时间，我非常喜欢"臭美"，萌妈说我每天早上睁开眼的第一件事就是给自己挑选当天要穿的小裙子。很有意思的是，即使在冬天很冷的早晨，我也一定要套上美丽的小裙子，而且我对夏天的小纱裙更是情有独钟。家里人对我真的是没办法，即使非常宠爱我的姥姥也没辙。这个时候，萌妈说："妈妈尊重你的决定，但是美丽不是全部，你要考虑到具体的情况。如果今天你穿着这条小裙子出去感冒了，也是你要承担的一种责任。"当时的萌姐只想着可以穿小裙子了，并没有听到萌妈说的重点。总之，听完妈妈这么一说我就很开心，吃完饭就要去幼儿园。可一脚踏出去，萌姐就后悔了。冷风飕飕地穿透全身，这个小小的教训，让我乖乖地回去换上了棉袄，也给了我一个启示：不管做什么决定都要思考一下，对自己负责。

当时我很感谢萌妈对我的尊重，每一个孩子小时候都会像我一样有一些新奇的念头和想法，而这些念头任凭谁怎么说，都是拦不住的。即使家长清楚地知道孩子这么做是不对的，当下也不要立马去驳回，适当地给孩子提一个醒，让孩子自己知道错了，并让他反省哪儿错了，为什么会犯这个错误，给孩子自省的机会。让孩子对自己的行为负责任，对培养孩子的责任心和抗挫折的能力是非常重要的。

如果孩子一直不被自己的父母认同，他就会缺乏自信和主见，当他们进入社会面对工作上和生活中的困难时，往往也会选择妥协。

第三，鼓励孩子发表意见和想法，并和孩子共同讨论。

一个充满民主氛围的家庭，孩子怎么可能没有主见呢？每位家长都应该坚持民主的家庭教育，民主家庭教育的核心就是讲道理。怎么讲道理呢？其实操作起来很简单，就是"互相沟通、共同讨论"。

萌姐最讨厌的一句话就是"大人的事情小孩不要插手"。每个人都是家庭的一分子，家长也不能摆架子。当你跟孩子对一件事情出现了不同看法的时候，不要觉得孩子年龄小什么都不懂，就对孩子"威逼利诱"，要求孩子接受你的想法，把你的想法强加给他，这是错误的。当你们之间有分歧的时候，就要坐下来，双方都心平气和地把自己的想法说出来。家长要站在孩子的角度思考：为什么孩子会这么想呢？当然，孩子也要试着理解父母的难处。不管孩子说的是不是对的，这个思考的过程本身就值得鼓励。在讨论的过程中可以逐渐培养孩子的独立思考能力。

除了在家里鼓励孩子开口之外，在外面同样应该引导孩子说话，把孩子当作一个独立的个体，而不是家长的依附品。以萌姐的经验来看，孩子小的时候能够让他在公众场合发表自己的建议，那么长大之后在面对任何更大的场面都不会怯场，他都会拥有一颗强大的内心。当然也要让孩子注意分场合，发表适当的建议。

小的时候，萌爸萌妈特别注重萌姐在公众面前的培养。还记得有这么两个场景，这么多年来我一直都印象深刻。

第一个场景是萌妈开会的时候，她会让我站在会场的最后一排，我会旁听我的母亲是如何跟同事交流的。当我们走进办公室的时候，我妈妈并不会忘记我的存在，而是向她的同事一一介绍我："这是我们家孩子，张萌。""来，张萌，和叔叔阿姨打招呼！"这个时候，我就会跟叔叔阿姨们一一打招呼。在每一次会议结束的时候，当只有我跟妈妈的时候，萌妈都会问我："对刚才的会，你能不能听懂呢？你能不能跟我说说这场会议中你的一些感受呢？"这个时候，我也会模仿着大人的样子去表述自己的想法。这是让我印象非常深刻的，第一能看到他们开会的场景，第二我也能表达自己的想法。

还有几次，我陪我妈妈去应酬。你有没有想过一个十来岁的孩子在一个大圆桌面前能够坐下，甚至萌妈还专门培养我点菜的习惯。她说："你千万不要有抵触心理，你在跟服务员沟通的时候，可以问问他有什么菜可以推荐。还可以问问桌上的每一个叔叔阿姨以及其他小朋友有没有什么忌口。"当时我的母亲就让十来岁的我尝试点过一桌菜。可能很多家长都会觉得，这不是浪费钱、浪费时间、浪费精力吗？其实不然，现在我的社交能力就是在儿童时代培养起来的，而这个培养就是创造一个有意识地让孩子跟公众接触的环境。

第四，引导孩子了解世界的复杂性和多变性，万事不绝对。

除了家长的因素之外，也有可能是孩子天生性格内向。这个时候就要帮助他建立良好的社交关系，帮助孩子掌握对外的沟通能力，千万不要有意让孩子认为，学校是他获取知识的唯一途径。家长要让孩子知道世界是不断变化的，认识世界的方式也有很多种的，获取知识的经验也不能完全靠单一的途径。

萌姐建议家长可以让孩子多去参加一些夏令营。夏令营活动是学校教育和家庭教育的良好补充，孩子可以在一个不同于学校和家庭的环境里开启全新的生活体验。尤其是在夏令营里很多孩子一起训练的过程中，每个孩子都能积极地参与，能获得很大的乐趣和帮助。这是书本上和课堂当中所没有的，也是孩子平时感受不到的。

夏令营不仅可以拓展孩子的知识面，培养孩子的独立生存能力，也有助于孩子形成乐观自信、勇于探索的精神和创造性思考的性格。同时，孩子在人际交往、团队合作方面也能得到锤炼。孩子远离了父母，被迫开始对自己的事情做决定。这也会使家长觉得孩子从夏令营回来好像变了一个人一样，成长了许多。

除此之外，我们还要引导孩子去发现生活中的其他乐趣，培养自己的兴趣爱好和自主学习的态度，引领孩子去探索和学习世界中的点滴知识，让孩子在潜移默化中感知万事的非绝对性。

在孩子的成长过程中，他的思维应该是多元的、开放的。家长在培养孩子成长的过程中，应该是张弛有度的，有意识地教会孩子学习独处、独立思考，让孩子拥有科学思维。

PART 3

从想到到做到，让孩子做事积极又高效

目的：以自我管理为主的效率培养

高效行动力

目标思维

孩子做事没耐心，不能持之以恒怎么办？

　　孩子做事没耐心，不能持之以恒，这是很多家长向萌姐反映过的一个普遍问题，这个话题也是需要"敲敲黑板，重点提醒"各位家长的一个教育话题。孩子做事没有耐心，不能持之以恒，这是什么原因造成的？首先是缺乏兴趣，孩子对什么都提不起兴趣，更不用说目标理想了；其次是缺少自制力，孩子平时做事时注意力分散，一边学语文，一边学数学，两边都无法全心投入，不会分配精力。这些也是绝大多数孩子都在经历的。家长设身处地地替孩子想一想，每天和别的孩子一样上下学，别的孩子能在学业上有所收获，能在一个兴趣上有所专长，而你的孩子却这门功课不行，那科考试拖后腿。

换作你是孩子，你也会认定自己的失败，越发不想努力，只能虚度光阴。

问题是普遍的，也是急需解决的，家长应怎么帮助孩子找回耐心，找回兴趣，提起做事的劲儿呢？根本的解决方法是，让孩子拥有目标思维，利用目标思维帮助孩子找到自己的人生方向。

什么是目标思维？就是建立一个价值导向，通过这个导向来支配孩子的所有行为，让所有行为的重心都朝着最终目标靠拢。我们每个人都是受目标驱使的，家长为了升职加薪会提高自己的业绩和业务水平，加薪是为了提高家庭的生活水平，给孩子更好的生活。这些都是有目标思维做支撑的，说明做这件事是有理由的。我们要让孩子同样受到目标思维的牵引，而不是像无头苍蝇似的找不到目的地。你的孩子只有制定了自己的目标，才能突然开窍，和其他孩子一样一步一步地实现自己的目标，实现自己的价值。

既然目标思维对孩子成长如此重要，那如何去建立目标思维呢？萌姐有以下几种做法给大家参考。

第一，使目标游戏化，每一个目标都是升级打怪的游戏。

一开始，家长不要太有目的性，一上来就让孩子"快想一个目标""你快找到自己的目标"。对孩子来说，"目标"这个词语既熟悉又陌生，他还不能完全理解具体的概念。我们不妨换个角度，尝试弱化"目标"这个概念，把建立目标这件事情当成一个闯关游戏，每个目标都要像通过打怪升级获得。通过这样的解释可以让孩子更容易接受一些，也显得更有吸引力。

在这方面，萌姐是怎么受启发的呢？现在市面上一些学习类的游戏软件做得特别好，有时候萌姐也会体验一番。在体验的过程中萌姐发现，这不就是我们小时候玩的那个游戏吗？就是做了一些包装。比如说，萌姐现在想要学习六年级的英语词汇，那就点击这个阶段的词汇游戏，进入游戏界面后，会看到很多关卡，第一关是看图记忆词汇游戏，第二关是"缺斤少两"补充单词游戏，第三关是中译英游戏……大家会发现，每个关卡都和词汇有关，只要坚持每天闯关，就可以掌握六年级的所有词汇。这个游戏其实就是把目标游戏化的一个具体体现。萌姐觉得我们可以把它从线上搬到线下来,让你的孩子也照着这样的方式给自己的目标游戏设置一些关卡。当孩子能够独立完成这个目标游戏的时候,也就意味着他开始有建立目标思维的思路了,接下来我们可以开始下一步了。

第二,帮助孩子细化目标,逐渐增加难度。

当孩子把目标游戏化后,就可以进入第二个步骤了——细化目标。我们都知道万里长城是辛勤的古人用砖石一块一块修砌建成的。那些砖石单独拿出来看其实很普通,但是把它们组合起来就成了宏伟的建筑。同理,孩子的一个个大目标看似遥不可及,其实它们也是由一些细小部分组成的。把一个大目标拆分成几个小目标,小目标再往下拆分,直到把目标细化成每日可做的工作。目标越是明确,计划越是周全,孩子就越能感受到"细节"的重量感,就越能通过坚持的过程,感受到自己的进步。

说到细分目标,萌姐就要给大家介绍一个非常好用的辅助工具了，也是萌姐自己经常使用的效率手册。大家肯定不陌生，萌姐之前在精力管理课上也提过。在效率手册中，每一天都是一个计划清单，你可以让孩子自己去规划一天的目标，然后把每一天的目标再细分成每个时间点的目标，一目了然。比如学英语，每天要背多少个单词，几点到几点要听英语广播等。你可以让孩子把每个时间段要完成的事情，在效率手册中都罗列出来，完成一样就可以打一个钩。这样做的好处是除了避免遗漏之外还方便之后的复盘。目标越具体，只要孩子按部就班地去做，目标就越容易达到。

第三，阶段性复盘目标与关键结果，重新优化目标。

阶段性复盘是为了让孩子调整彼时的目标，在实践中发现是否存在纰漏，是否需要及时调整，以免造成更大的偏差，从而达到优化目标的作用。也就是说，要让孩子在中途检查，看看他是不是还在正常轨道上行走，如果偏离了方向，就把他拉回来。这个步骤既能让孩子节省很多时间，也能使他更快实现目标。

阶段性复盘可分为四个步骤：回顾目标—评估结

果—分析原因—总结经验。这四个步骤是"铁打"的模板，按照它来执行，目标一定能实现。

首先是回顾目标。复盘的时候要先回顾一下当初想要达到的目标是什么，预先制订的计划是什么。其次是评估结果。把结果与预期目标进行对比，评估哪些地方做得好，哪些未达到预期。再次是分析原因。找出导致成功或者失败的根本原因。要找出来是哪些因素造成的失败，成功的关键因素又是什么。最后是总结经验。家长可以让孩子明白从复盘的过程中学习到了什么，如果以后遇到类似的情况，应该怎么处理。

特别要注意的是，家长在孩子第一次进行复盘的时候，要帮他好好地把握重点，切忌记流水账，只对比较重要的问题复盘就可以了。除此之外，家长还要帮孩子定期回顾、梳理，把相同或相关联的事情联系起来，以发现共性的问题以及深层次的问题。等实现了阶段目标，有了足够的实力，再让孩子制定更远大的目标，做更详细的规划，从而不断调整优化。

第四，及时给予孩子鼓励和奖励，但也不要太频繁。

从某种意义上来讲，学习本身是一件枯燥的事情，兴趣是学习的推动力，最终要把学习兴趣转化为学习的内在动力。家长可以回顾一下，自己在工作的过程中，是不是也会有"无聊""无趣""无意义"的感受呢？即使是做自己喜欢的工作，也会有某个时刻发生某件让自己厌恶的事情。这和孩子在学习中的感受其实是一样的。即使孩子树立了明确的目标，在日复一日的行动中也难免会产生厌倦感。学会克服这种厌倦感也是孩子需要掌握的技能。萌姐给的建议是，用及时鼓励和奖励去"中和"厌倦感。

在孩子成长阶段及时给予奖励，对他坚持目标会有很大帮助。奖励也是需要技巧和方法的，不然很容易养成孩子不良的习惯。那么，如何正确奖励呢？有几个需要家长注意的地方。

首先，奖励要及时。行为发生后，奖励越及时越有效果。比如，孩子平时不爱看书，他这段时间几乎每天都会抽出半小时看书，当家长看到这一行为之后就可以给予奖励，夸一下他的进步。当然，当这件事情处于稳定状态时，就可以控制奖励的频率了，不能太频繁。家长对孩子的允诺也要一一兑现，说到就要做到，毁约或者延迟兑现都是家长失信的表现，更不要轻易承诺，否则会直接影响孩子坚持的动力。

精神奖励要多于物质奖励。萌姐以前会用 18 个周期礼物法来激励自己。什么是 18 个周期礼物法呢？每 21 天可以归为一个小周期，一年大概是 18 个周期。每坚持一个目标，在一个周期结束的时候就设置一个奖励，当然周期时间越长，礼物的价值也越高。家长也可以按照萌姐的 18 个周期礼物法来给孩子设置奖励。

萌姐观察到，家长给孩子的奖励一般都是物质奖励，比如奖励玩具、衣服等，有的家长直接给孩子发红包作为奖励。对于物质奖励，虽然当时孩子会感觉很兴奋，但是对孩子的成长影响并不是很大，也不能持久。所以，萌姐建议家长，在物质奖励的同时更要注重精神奖励。如果家长的精力充沛，萌姐建议直接把物质奖励替换成精神奖励。当家长对孩子的奖励是以吃、穿、玩为主的时候，会将孩子的目标吸引到享受方面，如果选一些学习用品、书籍，以及和目标有关联的精神奖励，就会让孩子有成就感和满足感，而这种感觉会被记忆很长一段时间，也是孩子自信的来源。

除此之外，家长还要注意，当孩子制定的某个目标在经过实践后发现并不适合自己而想半途而废的时候，父母就要及时给孩子以指引，让孩子及时止损。

萌姐认识的一位妈妈曾经寻求我的帮助，说她儿子上了四年级之后对运动很感兴趣，想参加班级的足球队。经过选拔，儿子顺利地入选了班级足球队，孩子很开心，妈妈也很骄傲。但是经过两个月的训练，儿子发现自己对足球失去了兴趣，原因是教练安排他的位置是防守，他无法体验进球的乐趣。因为他个子很高，后来被篮球教练看中，便想转到篮球队。于是我又向这位妈妈问了一些具体的情况，原来，她儿子不是那种做什么事只有"三分钟热度"的孩子，从幼儿园开始，他坚持到现在的兴趣特长有游泳、编程、绘画、英语等。我又得知他的学校在一个月之后将举行足球比赛，于是我建议这位妈妈，尊重孩子选择篮球的意见，同时也要让孩子知道，不管是篮球还是足球，都是一项考验团队合作的运动项目，既然已经在足球队训练两个月了，最好就坚持到比赛之后再做决定，这既是对自己这短短的足球训练活动的一个交代，更是对整个队伍的尊重。这位妈妈照着我的说法和孩子交流过后，孩子听从了妈妈的意见。现在孩子一直坚持篮球队的训练，而且是队伍中的主力。

当然，除了孩子学习上、兴趣特长上的阶段性目标之外，家长也要引导孩子树立长期的人生目标。萌姐始终坚信，有目标的人，他们生而具有使命感，好像能够预知未来，对人生的每一步都能完美规划，并按照计划实现梦想，人生充满节奏感。而没有目标的人，对未来茫然无知，常把好运气当成能力。目标对人生如此重要，要想让孩子拥有一个积极且充满正能量的目标，是需要家长正确引导的。

相信每个人童年时代都被问过这样的问题："长大后，你想做一个怎样的人？"萌姐在上高中的时候，对这个问题的回答是这样的：成为奥运会的志愿者。正是有这个明确目标的激励,让萌姐制订了"1000天小树林计划",萌姐也完成了从"学渣"到"学霸"的逆袭之路,萌姐的英语成绩从排名中等进步到名列前茅。

有的家长可能会问,如何引导孩子树立长远的人生目标呢?萌姐提供以下几种做法。

首先,鼓励孩子阅读名人传记。梁启超谈及教子经时说:"读名人传记,最能激发人志气,且于应事接物之智慧增长不少,古人所以贵读史者以此。"的确,阅读名人传记能够有效帮助孩子树立目标思维,名人传记的主人公带给孩子的是榜样的力量。

其次,需要家长及时发现孩子的兴趣和特长,进行正面的引导。萌姐有一位朋友,家里两个孩子只相差两岁,性格却完全不同。老大属于性格非常开朗的孩子,喜欢表现自己,缺点是坐不住,毛毛躁躁,对待学习也不太认真。针对老大的性格特点,这位妈妈给孩子报了口才特长班、小主持人特长班、歌唱特长班等,偏向于发展文艺路线。因为多才多艺,老大成为学校的"文艺演出骨干",学校大大小小的文艺演出都少不了老人的身影。家中的二宝则属于内秀型,性格不像老大那么外向,而是更喜欢安静地看书、玩游戏,上幼儿园的时候最喜欢的游戏就是模仿医生给病人看病,小小年纪就立下了"长大我要当医生"的目标,这位妈妈给老二选择的特长班是钢琴、乐高和编程。其实,每个孩子都是独一无二的。作为家长,能够及时发现孩子的优势,并能扬长避短、因势利导,更有利于孩子明确建立自己的目标。

另外,家长还要有意识地培养孩子独立生活的能力,让孩子真正认识社会、感受社会。当孩子对社会的理解更加真实和深刻之后,他也会更加有意识地思考今后进入社会后自己的人生角色。家长可以多鼓励孩子参加一些社会活动,比如夏令营、公益活动等。

效率思维

孩子虽然很努力，但作业总是写不完怎么办？

很多家长向萌姐反馈，孩子写完作业的时间越来越晚，明明一吃完饭就开始用功，为什么作业总是写不完？是老师布置的作业太多太难了，还是孩子不够努力？萌姐很理解各位家长的心情：孩子明明已经很努力了，但作业总是写不完，怎么办？

首先我要替老师正个言。关于作业多这个问题，萌姐通过自身学习的经历再加上后期的调查研究发现，其实老师在布置作业时都有一定的考量，他们绝对不会无缘无故地给学生布置完成不了的量，都是配合上课内容以及作为辅助学习适当布置一定的作业量。即使是初三、高三这种升学的节点，老师也不会让学生不吃不睡去完成作业的情况出现。

那么，家长说的"孩子很努力，但作业总是写不完"究竟是什么原因呢？这就涉及萌姐常常提到的一个效率问题。在规定的时间里有效率地完成一件事情，并且能够保证完成的质量，这就是效率思维。**孩子缺乏效率思维，缺乏专注自控力，直接导致作业"超时完成"。如何解决这个问题呢？**这一节萌姐就和家长来分享自己在工作生活中常用的一些效率管理方法，来帮助孩子建立效率思维，高效完成每一次作业。

第一，家长自己要建立效率思维，不盲目责怪孩子。

各位家长应该发现了，在效率思维的培养和建立上，萌姐也是一样强调了父母的示范作用。孩子是否能够建立效率思维，前提就是父母自身先有效率思维的概念。举个简单的例子，关于拖延，很多家长总是责怪孩子不做作业，一直在那儿玩铅笔玩橡皮的，其实他们自己做事情也是慢吞吞的，先做一些无关紧要的事情，到最后一刻才开始赶工，压哨完成后还感慨自己的侥幸。孩子也会从你们这里习得这种坏习惯，以至于什么寒假作业、暑假作业都是拖到最后几天才完成。

再比如说"计划概念",如果你希望自己的孩子每天晚上能够早一些完成作业,就可以想一想自己可以配合孩子做点什么。你可以从日常的细节出发,比如吃过晚饭立即起身收拾好碗筷,孩子就会意识到,自己也应该立刻进入学习状态,完成当天的作业。如果吃过晚饭,孩子看到爸爸妈妈碗筷也不收拾,就坐在沙发上看电视,他自然也会有倦怠的心理,不想立刻去写作业。

再来看看周末的状况,一到周末家里就会有琐碎的事情要处理,如果家长一直板着脸,常常在孩子面前抱怨事情多而自己却没有规划,带着情绪去处理家庭中的日常琐事,孩子也会受到影响,从而产生抗拒心理,把消极心理转移到自己身上,看到一大堆作业也感到厌烦。如果家长能够合理安排周末的时间,利用一天的时间完成大扫除、整理衣物等,并和孩子约定好,如果他能提前完成周末的作业,就可以留出一天的时间陪伴孩子出游等,相信这样的"诱惑"在一定程度上可以让孩子加速完成作业。

在完成作业这件事上，不但需要孩子自己的努力，更需要家长潜移默化的正面影响。如果家长在面对生活和工作时能够合理规划、井井有条，那么孩子自然也会效仿父母，更加积极地完成作业。

第二，家长不要用自己的效率思维来要求孩子，这也是很多父母常常会犯的一种错误，而应该把重点放在孩子对时间和事物的基本概念上。

孩子的思维能力没有大人那样强，尤其是小学、初中阶段的孩子，他们在时间管理上做不到成人那样。萌姐也不建议家长把萌姐之前说过的针对成年人的那些效率管理方法照搬到孩子身上，家长可以把重点放在让孩子建立对时间和事物的基本概念上，帮助他掌握一些提高时间利用效率的基本原则，在一个有充分弹性的范围内，大致控制好自己各项活动或者任务的时间。

很多家长都知道，对时间概念模糊的孩子，无论在学习上还是在生活中，在条理性和效率上都会有所欠缺，那么如何帮助孩子建立时间和事物的基本概念呢？

以暑假作业为例，很多孩子可能会觉得，暑假我先好好放松，玩痛快了，等快开学的时候我再写作业也不迟。有这样想法的孩子，多半是时间概念模糊，他们是真的相信，自己可以用一周时间完成暑假作业。家长可以先和孩子一起确认暑假作业的内容。比如，数学需要完成20张试卷；语文需要每周写一篇周记，阅读2本课外书，完成5套试卷；英语需要完成10套试卷，并且每天都进行英语朗读。明确了作业的内容，接着再和孩子算一算暑假的时间，比如整个暑假一共有40天。

那么，接下来的一步就是要和孩子一起做计划：数学需要2天完成一套试卷；语文需要每周末写一篇周记，每20天看完一本课外书，每一周完成一套试卷；英语需要每天起床后晨读20分钟，每4天就要完成一套试卷。家长一定要让孩子知道，这些作业需要合理安排在整个暑假期间，而不是等到还有一周就开学了再去完成。如果真的拖到开学前一周再去写暑假作业，那无论怎么努力都无法完成。

我们再来回顾一下萌姐刚刚讲述的很重要的两点：第一，家长自己要建立效率思维，不盲目责怪孩子。第二，家长不要用自己的效率思维来要求孩子，而应该把重点放在孩子对时间和事物的基本概念上。只有做到这两点，家长才能更科学地指导孩子进一步采取措施来提高效率。切忌盲目苛责，自己都做不到的事情，就不要要求孩子做到，把这个放在所有事情的第一位，所有家长都可以先自查一下。

第三，花费一些精力教会孩子如何在小事上节约时间。

还有些时候，孩子会把时间浪费在一些非常细小的琐事上。萌姐有一次到朋友家去做客，刚好赶上朋友的孩子在写作业。萌姐真真正正地感受了什么是"不写作业母慈子孝，一写作业就鸡飞狗跳"。萌姐刚到她家的时候，孩子正嚷嚷着找不到语文书，没法抄写字词了，这位妈妈也是急匆匆地在他的书包里东找西找；没过15分钟，孩子就喊妈妈，说不知道今天的数学作业留的是什么，好不容易和妈妈确认了数学作业的内容，孩子又找不到要完成的数学卷子……这种凌乱的状态一直持续在孩子写作业的过程中。而他的妈妈全程也是非常不耐心地数落孩子："自己不知道把课本放好吗！这么点小事还要找我。你怎么这么磨蹭，快点写！"

上面这个场景是不是在你家也常常发生呢？很多时候，孩子的时间就是浪费在这些小事上面，比如找不到课本、找不到卷子，刚做作业没一会儿就要喝水、上厕所等。面对孩子的这种情况，家长一定要知道一个道理："授人以鱼"不如"授人以渔"。这是什么意思呢？

当孩子一次次找不到课本的时候，如果家长每次都帮助孩子翻找，久而久之孩子就会形成习惯，甚至连找都不找就直接求助于父母。与其一次次帮助孩子，不如教会孩子整理，让孩子知道如何把课本、作业本、不同学科的试卷分门别类地整理出来，放在固定的位置，可以更加方便随时取用。当孩子屁股还没有坐热就想喝水或者去厕所的时候，与其一次次地纵容或数落孩子，不如和孩子提前约定，写作业之前上好厕所、喝好水，再开始把精力全部集中在作业上面。当家长能够花费精力教给孩子做小事的方法时，孩子在这些小事上浪费的时间就会越来越少，进而形成效率思维。

第四，劳逸结合，达成高效学习和高效游戏。

孩子作业做不完、效率不高，最常出现的一个状况就是老师布置了多个科目的作业，孩子做数学作业的时候想着语文还有很多题要写，就半路放下笔去琢磨语文，语文作业刚写一部分又想到了英语作业……这样恶性循环就会导致每科作业都完不成，总体上花的时间一点不少，但每科作业完成得都很勉强，错误也多。

而据萌姐了解，现在很多老师布置作业都会根据学生上一次作业的完成情况来定。如果孩子上一次作业完成的情况糟糕或错误百出，那么老师通常在这一次布置作业的时候就会要求孩子改正错误，并且针对错误的不同情况，要求孩子抄写。如果上次孩子的作业完成情况良好，没有出现错误，就不会有针对上一次作业错误进行抄写的情况。

这也就是为什么，那些作业完成情况一直保持良好的孩子能够轻轻松松完成作业，而有的孩子总是抱怨作业多，而孩子的作业越多，就越磨蹭，越不知道从何下手，做作业时也更容易出错。这是一个恶性循环，长此以往，孩子就会养成坏习惯，很难认认真真、全神贯注地把一件事从头到尾做完。

为了避免出现这种情况，家长可以让孩子学会检查。在孩子专注地做完一个学科的作业后，让他学会检查，看似检查作业延长了整体做作业的时间，但是，检查作业可以帮助孩子更加高效、高品质地去完成作业，之后无须返工。

家长应该让孩子学会压缩时间、劳逸结合，一次只做一件事。孩子做作业的时候，家长可以先帮助孩子来规划一下时间，根据作业量规定数学花多少时间、语文花多少时间……这样分成几个时间段，让孩子有时间概念，学会在专属的时间里专注做一件事情。

当然，如果孩子在一个时间段内实在是投入不进去，那也可以放松一下，给他半小时娱乐时间，带他出去转转或者玩一会儿游戏。家长要控制这个度，不要一直催促，让他集中精力玩。在孩子心神不定或特别不想写作业的时候，不如让他彻底放松一会儿，等放松之后再集中精力回来写作业，效果更佳。这样，孩子就能够有相对从容的心态，踏踏实实地做好眼前的事，做到劳逸结合。

第五，让孩子明确难易程度，由易到难完成作业。

家长在教孩子学会时间管理、提高做作业效率的时候，首先要突出一个原则：要事第一，由易到难。要事第一，就是要让孩子知道哪些作业是比较重要的，明天一定要交的，这类作业要先完成。萌姐小时候有个习惯，就是对每个老师课后布置的作业都会写在一个本子上，具体的作业内容用1、2、3……一条条列下来，交作业的时间点用红笔特意画出来。有些老师布置的作业时间节点可能是下周，就用其他颜色的笔画出来。这样回家之后，把当天要写的作业摞在一起，让自己心里有个数，先把该做的事情做完，不急的事情可以缓一缓。

由易到难，也就是表面意思，做作业先做会做的，最后再做难的。很多孩子因上面我们说到"一次只做一件事"，他可能就会一根筋。比如做数学作业，遇到了一个比较难解的题目，孩子就在那里死磕，咬着笔杆使劲儿琢磨，这样时间不知不觉就过去了，到最后可能有的作业就完不成。这种做法其实也是效率思维没有完全建立的体现，因为孩子只知道投入，不会根据事情的难易程度分配时间。我们要让孩子有一个概念，就是由易到难，遇到不会的题目先圈出来，等到所有作业做完以后，再来做较难的作业。这样既能让孩子保质保量地完成，又能控制好时间。老师布置的作业一般分为基础部分和提高部分，提高部分都是设置了一定的难度，有时候老师的用意就是让孩子先思考，可以把难题留到学校解决。明确这些原则之后，我们就进入最后一个步骤。

第六，家长要了解孩子低效的原因，并"对症下药"。

孩子做作业效率不高，家长应该仔细分析其原因，每个孩子的成长都有差异性。家长很多时候会好心办坏事，别人是怎么做的就去照搬经验，反而会弄巧成拙。家长应该仔细分析，深究后面的原因，并"对症下药"。

家长可以做一个观察实验，先观察孩子日常做作业的情况。以一周为例，罗列出本周孩子的课程、课后作业、作业提交的时间；记录孩子每门课程作业需要的时间和频率。这相当于对孩子的学习能力做了一个简单的调查。之后的几周，如果某一天孩子超过了预期的时间，就可以和他沟通，找到原因。如果是孩子的知识点薄弱，可以及时帮他补补课；如果是孩子的注意力不集中，可以帮助他排除干扰项，提高他的专注力；等等。相当于给孩子模拟了一个标准的作业清单，一旦有风吹草动，先从根源上解决孩子低效的问题。除此之外，家长还要定时提醒孩子。比如，早上让孩子捋一捋今天的课程，规划一下写作业的时间，可以把基础的作业留到午休、课后完成；晚上回来也要提醒孩子注意时间把控，给自己定个闹钟，把握好时间。当我们从环境、心理和生理的原因找到孩子效率低的根源时，问题就已经解决了一大半。

高效的时间管理，能给孩子带来更多的自由和愉悦。及早帮助孩子建立效率思维，彻底跳出"不写作业母慈子孝，一写作业就鸡飞狗跳"的怪圈，不仅孩子的效率高了，家长心情也好了。

行动力思维

孩子想法很多，但总半途而废怎么办？

萌姐曾经收到一个小学三年级孩子妈妈的私信，她说自己的孩子属于那种天马行空、想法特别多、听风就是雨的类型，做什么事情都无法长久坚持，总是半途而废。比如，学校组织了一场文艺演出，听到一位同学钢琴弹得优美动听，回家之后孩子就会要求爸爸妈妈给他报钢琴兴趣班。可是当父母周末要带他去上钢琴体验课的时候，孩子又说，还是别学了，人家是从 5 岁开始学的，自己现在想学也来不及了。再比如，逛街的时候偶然看到了和自己年龄差不多的孩子可以和外国人用英语非常流利地交流，他就会和爸爸妈妈说，自己也要学好英语，和外国人无障碍地沟通，可是回到家背单词还不到 15 分钟，就又打了退堂鼓。

说到做事半途而废，其实萌姐上一节也讲解了目标思维，建立目标、分解目标这些都是停留在理论层面的，真正重要的是紧跟其后的执行环节。也就是我们这一节要讲的行动力思维，这两者密不可分。

计划，每个孩子都会做，而且是习惯性做计划，但能付诸行动的孩子却少之又少。所有的热情仿佛就在写下"我今天要……"这句话之后就结束了。也许我们跟孩子约定好了计划，想让他在周末恶补一下英语，多背些单词和课文，可孩子最终却看了一下午电视；想让他每天晚上看一会儿书，可电脑里的游戏又成了拦路虎……

别看萌姐现在的行动力很强，其实萌姐小时候也是一个行动力很弱的孩子。老师让我写新学期计划，我做计划的时候满腔热血，到了真正需要付诸行动的时候，却是磨磨蹭蹭，很难去执行，一到期末，看看制定的那些目标好像都没实现。这其实就是行动力思维的缺乏。

什么叫作行动力思维？就是对行动已经有一种牢固

的思维反应方式，不管是什么目标，都会条件反射地完成。就比如现在萌姐每天都会早起，已经把早起这件事当成习惯，如果哪一天闹钟没有响，到了早上起床的时间我也会条件反射似的一下子就起来。这种行动力思维能尽量避免孩子做事半途而废、不会坚持的情况出现。对每个家长来说，越早帮助孩子建立行动力思维越好，能有效抑制孩子的拖延症问题。那么，应该怎样让孩子培养行动力思维呢？**这一节萌姐就从四个方面讲一讲，怎样培养孩子的行动力思维。**

第一，家长需要让孩子明白承诺的责任。

信守承诺是一个人的素养体现，很多孩子犯了错误会夸下海口——"下一次绝对不会犯了"，然而下一次犯错后又会有"下次"。所谓的承诺是经过反复考量、经过思考之后得出的。家长在教育孩子的时候需要格外注意培养孩子的守信意识，让孩子明白承诺的责任。

首先，家长要以身作则，与孩子相处的时候一定要言出必行，不能失信，很多孩子脱口而出的"承诺"大多是模仿大人的结果。如果家长经常说话不算数，孩子也会觉得这样做没什么大不了的，承诺的分量越来越轻，孩子也会逐渐失去父母的信任。如果这个时候你去指责孩子，"你自己说的事情为什么没做到"，孩子也会搬出父母做挡箭牌，"你们大人说话都不算数，我也可以啊"。所以为了避免产生这种最坏局面，在平时生活中各位家长就要多多注意自己的言行，如果对孩子的承诺无法兑现，可以和孩子商量换个时间，一定要做好"善后"工作。父母要以身示范，对计划好的事情，要做到言出必行、行必有果，让孩子理解什么是承诺。

同时，家长也要做到赏罚分明。如果孩子在一开始有失信的举动，不要置之不理，要让孩子知道不信守承诺的后果。比如，家长可以和孩子签一份保证书，白纸黑字写下来，用这种仪式感让孩子深刻领会到自己的错误，将这份保证书张贴在家里的公告栏上，让孩子有一定的羞耻感，能够做出一些改变。如果孩子及时改正，就可以把保证书摘下来。当父母给出了正确的引导，并在孩子纠正之后，孩子才能更加明白"承诺"二字的分量，并会因承诺的责任感去付诸行动。

家长一定要清楚知道,"承诺"这件事不分大事小事,有的父母对孩子比较娇纵,在一些小事上往往没有原则。比如,孩子看动画片的时候,家长提前和孩子约定好只看两集,可是当孩子看完两集之后还要看,有的家长禁不住孩子的软磨硬泡便答应了。只要有一次破例,在孩子内心就认定了,无论自己说过什么、做过什么承诺,只要撒娇耍赖就可以不算数。所以,无论多么小的事情,只要孩子提前承诺过,就一定要遵守,让孩子知道"一言既出,驷马难追"。另外,一定要全家人统一战线,在孩子信守承诺这件事上,不能有人唱红脸,有人唱白脸。

第二,家长要帮助孩子深挖想法的可执行性。

不知道各位家长有没有听过一个心理学效应,叫作"半途效应",是指一个人做事情到一半的时候,由于心理因素和环境因素的交叉作用,对自己做的事情产生了怀疑,最后半途而废。出现这种情况的原因,除了当事人意志比较薄弱之外,目标设置也可能存在不合理性。

家长可以参照半途效应的原理,找到帮助孩子提高行动力的一些好方法。萌姐建议家长帮助孩子制订一份科学合理的计划，不要让孩子随便写，把目标定得很高，最后实施起来很有难度，导致陷入完成不了的局面。当然目标也不能过低，孩子还没怎么努力，目标就达成了，这样孩子就体会不到实现目标的满足感和成就感，起不到督促行动的作用。父母应该结合孩子的自身条件，制订一些稍有难度、孩子"跳一跳"就可以够到的计划。

在这个计划里，孩子不能空喊口号，制定的内容要具体全面，最好精确到细节。什么是空喊口号呢？比如孩子订的计划是"这个月我的语文考试成绩一定要进前三""我的数学成绩一定要超过我的同桌"，这些就不是计划，只是一个空洞虚无的口头目标。我们都知道，语文是一项需要日积月累才见成效的学科，如果孩子的语文成绩一直属于中等偏下，那么他很难通过一个月的时间有大的提升和进步。可想而知，孩子在经历挫败感后，中途放弃这个计划的可能性就很大。

具体全面的计划就是让孩子写下具体执行路径，比如为了提升语文成绩，需要每天按时完成老师布置的课后作业，并且做到课后及时复习。为了有进一步的提升，还需要每天抽出半小时的时间进行名著等书目的课外阅读，做好读书笔记，周末也要充分利用，背诵一些好词佳句等。要把每个环节都细分下来，完成每一项之后还要打卡，这样执行起来会更清晰、更有动力。这才是可执行的合理计划。

除此之外，计划里还要明确标出完成的时间节点。很多孩子如果战线一拉长，到一半的时候就会害怕，感觉看不到希望就会很容易产生放弃的念头。萌姐建议，一开始让孩子多做一些日计划当作练习，慢慢养成行动的好习惯，当他能把日计划好好执行之后，再做周计划、月计划，甚至是年计划。

当孩子把这份可执行性强的计划制订好之后，一定要让计划可视化。也就是说，要让孩子在纸上清楚地写出来，并且贴在孩子学习桌上或其他明显的位置，家长也要经常提醒孩子去行动。

第三，强调行动的力量、坚持的力量。

现在很多孩子可能不太相信坚持的力量，他们常常会被社会上一些不好的价值观迷惑，如一夜爆红、一夜暴富这种新闻。当然萌姐小时候也想过自己会不会突然走了"狗屎运"，中个五百万元的大奖。这种想法如果出现，一定不要当真，短期内能获得回报的，大概率都不会是太有价值的东西，还记得我们在前面的章节中提到的即时满足吗？那是一类。而短期内能获得高回报的，也只是一个小概率事件，要让孩子明白"不能白日做梦"，一个人的成就都是靠一点一滴努力获得的，而不是靠侥幸。

萌姐自己就是一个典型的例子，很多家长会觉得萌姐好像做什么事情都很顺利，看起来轻轻松松的。请大家来看看我交出的"坚持清单"：连续 21 年坚持每天早上 5 点起床，起床后就开始读书学习；连续 9 年坚持每年出版一本书；连续 8 年坚持每年演讲 100 场以上，训练自己的口才与表达能力……对的，就是那一长串的"连续"，这个清单每年都在更新，每一年的坚持都在提醒我，新的一年里应继续努力，所有的成功都不是轻而易举的，最重要的是自律、坚持和每时每刻的行动力。

　　家长也应该通过一些正面的事例去引导孩子坚信这种行动的力量、坚持的力量。可以给孩子推荐一些人物纪录片或者人物传记，绘制他的成长路线，和孩子一起探索人生榜样的成长经历，看看他们是怎么坚持的，是怎么一步一步取得成功的。这些例子都可以在价值观层面给孩子起到示范作用。同时，家长还要帮助孩子意识到"一夜成名""一夜暴富"的背后是无数次的坚持和努力，挖一挖这些光鲜背后的故事，让孩子知道，这些光鲜靓丽的明星、企业家甚至"网红"，他们在人前的"毫不费力"，都是因为在人后的"非常努力"。

　　除了正能量故事之外，家长还可以让孩子结识行动力比自己强的朋友。比起听家长的话，有时候孩子更容易听得进同龄人的话。在行动力比较强的朋友的带领下，孩子可以与朋友共同努力、共同进步，在行动受挫的时候，便不那么容易退缩。

　　第四，时常监督、鼓励孩子，做正向引导。

　　孩子的心智发展还不成熟，自控力肯定没有成人强，因此孩子行动力的执行主要是靠外部的监督。家长在孩子做计划的同时，也要扮演好监督人的角色。

说到监督，萌姐又要讲讲小外甥女的故事了。过年的时候，小外甥女嚷嚷着要像萌姐一样写新年计划，她拿着一张纸，定好6点半起床，7点做运动，7点半吃早饭……一口气把一天行程排得满满当当的。但真正第二天要实施的时候就开始掉链子了，到6点半的时候，全家轮番上阵都没把她拉起来，直到太阳"晒屁股"了，房间里才传出她的哀号。

刚好萌姐一直有早起的习惯，我就和她说我们睡一个房间，我们来比比看谁明天先早起，早起的可以奖励一顿神秘早餐。这么一说，小外甥女就有压力了，当天睡觉前给自己定了6个闹钟。第二天谁也没去催，她乖乖地起来，还和我一起做了爱心早餐，得到了全家人的表扬。

其实萌姐讲这个事情是想告诉各位家长，孩子的意志力是非常薄弱的，如果单靠他的计划，没有家长的陪伴，他就很难坚持下来。当你发现孩子有打退堂鼓迹象的时候，就要和他一起行动起来，并适当用奖励法激励孩子。尤其是孩子这段时间的表现出乎意料，正是你所期望的，那就要及时给予积极的评价和鼓励，督促孩子更好地去行动，让孩子能够一直保持行动的积极性。

第五，萌姐还要提到一点，那就是家长的行为对孩子行动力思维的影响。

每位家长都希望自己的孩子成为别人眼中优秀的那个人，也会去学习专家、学霸家长的育儿方法。很多家长在这方面都停留在了"获取方法"这个层面，育儿文章看了不少，育儿理念也能如数家珍，但是从来没有实实在在地把方法在自己家娃身上验证一下。比如很多妈妈心血来潮给孩子买了很多绘本故事，信誓旦旦地和孩子说"每天晚上睡前半小时，是妈妈和你的亲子共读时间"，可是读了一个星期之后，就不了了之了。父母的行动力尚且如此，孩子在行动力这方面自然也会是父母的"复刻版"。

即使不谈对孩子的教育，生活中的小事也会影响孩子。比如有的妈妈隔三岔五就会嚷嚷着减肥，结果跑步不出三天就放弃了；而自律性强的妈妈，不会轻易决定什么事情，一旦决定，就会用心去行动。我认识的一位妈妈就是这样，当她下定决心减肥的那天开始，每天都坚持跑步、跳绳、吃减脂食物，3个月下来从120斤减到100斤。这不仅让孩子看到了自己的变化，更让孩子深刻体会到行动和坚持带来的结果。

不积跬步，无以至千里；不积小流，无以成江海。只有不断坚持和实实在在的行动力，才能让孩子越来越接近自己想要成为的人。

抗压思维

"得不到"或"受挫"就情绪崩溃怎么办?

萌姐观察到一个现象,就是每次去商场的时候总会碰到几个小朋友,一言不合就一屁股坐在地上"撒泼",围观群众越多,哭得就越响亮。其实我们都心知肚明,这不就是孩子因为想买玩具或零食没有得到允许就用号啕大哭来博取同情吗?其实,萌姐小时候偶尔也用这一招。谁家家长遇到这样的"小坏蛋"都会气得咬牙,围观群众越多,家长越觉得挂不住面子,最后肯定以家长的投降换来孩子的胜利。这样的事情每天都会重复上演,很少有家长会对孩子进行正确引导。

"得不到""受挫"其实是孩子成长当中不可避免的,没有得到老师的小红花,在期末考试中失利,没考上想去的学校……所有孩子的成长都会伴随着挫折，很多挫折都会比"蹲在地上号啕大哭"更凶猛，更让孩子难以承受。

当家长在面临孩子的崩溃情绪时，总是帮助孩子去解决，可是萌姐想问："这么多的挫折难道你们每一次都要替孩子解决吗？一定要向孩子妥协吗？这可不是长久之计。"有的家长也许会问："难道做家长的这时候就只能袖手旁观吗？"孩子在因为小事情绪崩溃的时候，如果家长一味去满足，看似解决了眼前的"窘境"，可对孩子造成的影响是极其负面的，甚至会影响到孩子成人后在职场中的表现。一个无法接受批评、无法独立完成工作，遇到问题无法解决、动不动就情绪崩溃的职场中人，一定是企业的"灾难"。

其实不管是孩子还是大人，遇到挫折难免会情绪崩溃，重要的是如何安抚情绪。家长要帮助孩子建立抗压思维，当孩子遭受不利因素时，要让孩子做出正确的反应。**抗压思维的能力不是与生俱来的，家长需要在孩子早期就进行培养。那么从哪些方面着手比较好呢？**这一节萌姐就和大家一起来具体讨论一下，如果孩子"得不到"或"受挫"，就情绪崩溃，作为家长，到底应该怎么办？

第一步，让孩子明白一味发泄情绪无法解决问题，家长也不要对孩子妥协。

理解孩子的情绪，并不代表同意孩子的行为，更不是放任孩子把情绪表现当成工具，向父母无度索求。家长应该让孩子明白，所有的情绪都是可以被接纳的，但是不当的行为必须被规范。想要表达自己的情绪可以有很多种方法，并不是只有哭闹这一种方式，也不能以哭闹作为要挟来达到自己的目的。如何帮助孩子把情绪稳定下来，帮助他们解决问题呢？

以上面萌姐说的为例，当家长发现孩子想要某一件东西，采取哭闹形式发泄情绪的时候，首先要心平气和地和孩子讲道理，并且要明确拒绝他的无理要求。家长可以抱抱孩子，告诉他玩具、零食并不在今天的购物清单之内，并不是不给他买，只是这一次出于某些原因才没有买。当然家长也可以和孩子做个约定,给他一个"愿望兑换券",如果之后表现优秀,就可以把今天的心愿兑换。这样的处理既可以拒绝孩子的不合理要求,又可以让孩子的愿望延迟满足,给了自己和孩子一定的对话余地,在一定程度上可以安抚孩子的情绪。如果孩子还是不能接受家长的提议,接下来家长就可以带着孩子去一个小角落,找一个不被打扰的地方,让孩子自己处理情绪,他可以放声大哭,但是没有人会围观打扰。等到孩子发泄完情绪,能够理性思考时,家长再去处理这件事情。家长一定要让孩子明白在情绪化的状态下,事情只会变得更糟糕,要让他学会控制情绪,理性表达心中的想法,这样才能更好地解决问题。

这里要强调,有一些家长比较心软或者溺爱孩子,看到孩子哭就心疼得不行。萌姐要说,这时你要"狠下心来",孩子都是很聪明的,一旦你狠下心来让他哭,他就会发现哭是没用的,他自己哭也很没意思,哭累了就停下来了。一旦孩子从你的脸上看到不忍和犹豫,他就会不停地再哭大声点去博得你的同情。这对孩子的成长是没有好处的。家长要让孩子明白,仅靠发泄情绪是不能解决问题的。

第二步，家长可以有意识地给孩子做压力测试、惩罚测试。

在日常生活中，父母可以根据孩子的表现，有意识地给孩子做压力测试、惩罚测试。家长要建立规矩，确认界限，让孩子能够遵守规矩，不去挑衅已经确定的界限，如果有违反行为，要及时给予孩子一些处罚。比如，家里规定是6点钟吃晚饭，如果孩子很任性，之前已经吃过零食，不想在这个时候吃饭，家长也不要惯着他，告诉他晚上吃饭的时间点只有现在，过了饭点再想吃也没有人会给他做饭，也不能再吃其他零食。等他体验过一次挨饿的感觉，他就会自觉遵守这个规则。这样做的好处是让孩子对"拒绝""不被满足"有熟悉感，明白被拒绝的后果。经过这样的惩罚测试，如果下一次你和孩子出门时有突发的情况，他也不会因为被拒绝而有较大的情绪波动，也就很难再任性下去。

懂得对孩子说"不"，适当地拒绝孩子，让孩子了解某些特定的行为是不被允许的，当然这部分也需要家长注意恰当的方法和技巧。合理的规则设置可以在一定程度上帮助孩子适应压力环境。

家长还可以在生活中有意识地去培养孩子的"延迟满足"能力。顾名思义,延迟满足就是对孩子的需求不要立即满足,而是等待一段时间之后再去满足。举一个简单的例子,孩子周末想去游乐场玩,那么家长可以提出延迟满足的要求,可以这样对孩子说:"妈妈知道你很想去游乐场,但是你需要检查一下自己的周末作业是不是写完了,写完作业之后,我们才可以一起去游乐场。"又如萌姐的一位朋友,他们全家在吃饭的时候,总是把这一餐的食物和饭后的甜点、水果一起端上饭桌,她告诉孩子,不论他多么想吃甜点或水果,都要等到饭后 15 分钟才能吃。刚开始孩子会因为想吃甜点哭闹,可是妈妈的立场很明确,小家伙知道自己的哭闹威胁不了妈妈,经过几次,也就乖乖地遵守了这个规则。有些家长可能不以为然,其实这位妈妈是在有意识地培养孩子控制自己情绪的能力,即使面对诱惑的时候,孩子也能清楚地知道什么是自己的首要任务。

第三步，家长要用积极的态度影响孩子。

孩子的心理承受能力有多强，很大程度取决于父母给孩子做了什么样的榜样，提供了什么样的教育。萌姐非常喜欢一部电影，相信很多家长都看过，这部电影叫作《美丽人生》。它讲述了"二战"时期一位犹太人和他的儿子一起被抓进集中营后发生的故事。父亲告诉儿子，这个地方正在进行一场游戏，游戏的唯一要求是躲起来，不能被别人发现。谁先得一千分谁就胜出，奖品是一辆坦克。孩子慢慢接受了父亲的善意谎言，于是，冰冷的监狱、凶狠的士兵，一切的一切在儿子眼中都成了一场积分的游戏。故事的结尾是，这位善良的父亲牺牲了，但直到最后一刻他都保住了真相，保住了孩子最后的童真，在挫折中用自己的行为影响了孩子，让孩子用积极的态度去面对生活，从此不再感到害怕和恐惧。

《美丽人生》这部电影也给了家长一个重要的启示：家长是孩子的一面镜子，在遇到突如其来的重大变故、挫折时，家长首先要稳住自己的情绪，以身作则，以积极的心态面对每个低谷，同时也要时刻关注孩子的情绪变化，利用一些时机，巧妙化解一些压力。

多倾听孩子的诉说，当孩子情绪低落时，家长要学会共情，向孩子表达理解，给孩子战胜困难的勇气和力量。

第四步，让孩子有效表达情绪，做坦诚对话。

这个步骤和萌姐所讲的第一点是相呼应的，在稳定好孩子的情绪之后，家长要试着和孩子进行深度沟通，做坦诚对话。家长可以换位思考一下，如果自己在工作中遇到难以过去的坎儿，肯定希望得到前辈或贵人的指导，而不是同事的冷嘲热讽和批评教育。当孩子受挫、情绪不佳时，父母作为孩子最亲近的人，一定要先认同孩子的情绪，而不是劈头盖脸地一顿指责。孩子情绪的宣泄通常都是需要帮助和关怀的信号，把话语权交给孩子，家长要引导式发问，询问孩子当时的想法，协助孩子觉察、表达情绪，并厘清原因。

首先你要蹲下来，让孩子能够平视你，看着你的眼睛说话，或者和孩子坐在一起，与孩子平等地交谈，你会发现孩子能够更加坦诚地说出自己的想法。之后，家长继续用开放性的提问方式,例如"宝贝今天哭得很伤心,是不是有不开心的事情?和爸爸妈妈说一说啊"。用这样的话语打开局面,引导孩子正确表达情绪,厘清情绪背后的原因。只有找到情绪反应的真正原因,掌握孩子的心理需求,才能"对症下药"。

当孩子在表达的时候,家长一定要耐心倾听,充分聆听是良好沟通的前提。我们要以孩子为中心,专心致志地听孩子表达,不评判或者延迟评判,给孩子表达情绪的空间。时不时给出反应,"嗯,没错,你继续说""是的,爸爸妈妈感受到了"……给予孩子一些支持,鼓励他继续往下表达。

当孩子表达完之后,家长不要说教,应该站在孩子的立场来思考,试着放下父母的架子。你可以这样说:"爸爸妈妈以前也碰到过这样的事呢""我们相信你有能力可以处理这件事情""如果解决不了,就和爸妈商量,我们三个人的力量会更大"……这样一来一回,孩子就会慢慢卸下心理防备,能够坦诚地把压力释放出来。家长要从谈话当中找到突破口,了解孩子的真实想法,找到问题的根源,帮助他克服压力。

第五步,家长可以在游戏中培养孩子的抗压能力。

游戏是最寓教于乐的方式,不仅能让孩子放松身心,还可以培养孩子的抗压能力。

萌姐小时候是一个要强的孩子,无论是在学习成绩上还是在与小伙伴的相处玩耍中,都想要做最优秀的那一个。所以,成绩稍有波动,对我的打击和伤害就特别大,不但会哭鼻子,有时候脾气大了连饭都不吃。萌妈发现我这样的性格特点后,并没有急着说教,恐怕萌妈很清楚,和幼小的我说一些大道理也不一定能起到什么作用。萌妈针对我抗挫折能力弱做的一件事情是:每天晚上吃过晚饭之后,都会抽出15分钟的时间和我一起下跳棋。最开始几天,不知道是萌妈故意放水还是怎样,赢的人总是我,我也沾沾自喜,每天都盼望着饭后的休闲时光。后来几天,我却有输有赢。当我输了的时候,自然是一脸不快。这时候萌妈就告诉我:"萌萌,这只是一场游戏,而游戏有输有赢是再平常不过的事情了,你看妈妈输的时候,也没有像你一样板着个脸啊。而且你看啊，一次两次的输棋，也不代表你的技术就比妈妈差，前几天都是你赢了我的啊。"听了萌妈这一番话，其实当时的我心里还是有些不服气的。经过几次和妈妈比赛下棋有输有赢，萌姐的抗挫折能力真的有了提升，甚至输了棋也能和妈妈开几句玩笑。

通过下棋这一件小事，萌妈就让年幼的我知道了"胜败乃兵家常事"，即便输了，也不是什么天崩地裂的大事，坦然面对，再接再厉就好。你也可以通过游戏来引导孩子，现在很流行的桌游就是很好的选择。在开发孩子智力的同时，也能将抗挫教育渗透其中。

第六步，家长要有意识地培养孩子的独立意识，让孩子拥有自己解决问题的能力，而不是为孩子打造没有挫折的安全环境。

温室中的花朵固然美丽，可是经不起一点儿风吹雨打。养育孩子也一样，如果家长对孩子过于娇纵，大大小小的问题都第一时间去帮助孩子解决，那孩子自然也无法获得抗压能力。萌姐通过观察发现，一些抗压能力比较弱的孩子，在心理上都不是很成熟，自我意识和独立意识较差，做任何事情都会有对父母的依赖心理。萌姐身边就有这样的孩子，他们的学习成绩往往相当不错，父母也很以孩子为骄傲，于是生活上对孩子大包大揽，导致孩子的生活技能不及格。

网络上曾经有一个段子，一个自幼养尊处优的女孩，到了学校食堂吃饭，竟然不认识大虾，原因是学校食堂的大虾是整只的，而自己在家里吃的都是妈妈给剥好的虾仁。这虽然是一个段子，但也反映出现在的孩子在生活中的某种状态。父母不可能为孩子的一生遮风挡雨，家长对孩子的过度保护，是孩子缺乏锻炼自己的机会，从而变得依赖心理重、抗挫折能力较差的根源。

萌姐在这里引用一段比尔·盖茨的话："培养孩子的独立性，不是让孩子仅仅具有独立的意识和态度就够了，必须让孩子自己去经历，让他自己扫除障碍，只有这样，孩子才能学到相应的知识和技能，才能用各种有效的方式去自行解决问题。"一个拥有独立意识的人，当他面对挫折和压力的时候，第一时间去做的，就是自己想办法分析、解决问题。

最后，萌姐还要给各位家长留个作业，重温文中萌姐推荐的电影，希望对你们有所启示。

边界思维

如何让孩子有原则，具有独立思考能力？

萌姐曾经在出差途中遇上了一件很有意思的事情。在飞机上，萌姐隔壁坐着一对母女，孩子还小，她对身边的一切都充满好奇，飞机飞行的时候会有颠簸，每次起伏她都会发出惊呼。这次旅程比较久，正当大家都准备休息的时候，孩子因为不能立马吃到冰激凌而大哭大闹。整个机舱的人都往这边看过来，还露出了不友善的眼神。这个时候，妈妈就非常惊慌，一边哄着孩子下飞机给她买，一边又训斥孩子让她立马安静下来。闹了快十分钟，前面有个小朋友跑过来，年纪也差不多大，他把手里的棒棒糖给了这个小女孩儿，并且口齿清晰地说："叔叔阿姨们都在休息，我们不要大声说话影响他们，下飞机后我们一起去买冰激凌吃吧。"小女孩儿接过同龄小朋友送的礼物，就慢慢安静下来。

萌姐之前在新闻报道里也看到很多因为孩子在高铁、飞机上喧哗引起乘客不满最后演变成家长和乘客激烈冲突的事件。萌姐想，如果那天没有那个小朋友的出现，是不是也会有争吵发生呢？

针对这个问题，萌姐要引入一个新的思维能力——边界思维。什么是边界思维？就是做任何事情都会有边界感，也就是分寸感。一般情况下，如果一个孩子能够遵守规则，有自己做事的原则性，就是边界思维能力的体现。孩子的天性是崇尚自由，**家长应该怎样去帮助孩子提高边界思维能力，同时又不影响孩子的天性发展呢？**

第一点，也是非常重要的一步，帮助孩子建立规则与原则体系。

帮助孩子建立规则和原则体系，实际上就是通过建立外在环境与规则的联系，帮助完善孩子的交流方式。

比如怎么待人接物、学习等，这就需要家长的积极引导。

爱玩爱闹爱自由是孩子的天性，规则意识并不是与生俱来的。孩子不知道什么应该做，什么不应该做。像本节开始萌姐提到的在飞机上哭闹的小女孩儿，她的哭闹只是因恐惧的情绪发泄，她并没有意识到飞机上是一个公共场合。家长要做的，就是帮助孩子建立规则意识，同时要做到"未雨绸缪"，比如第一次带孩子坐飞机，可以提前和孩子讲一讲在飞机上什么事情是绝对不可以做的。你可以告诉孩子，坐飞机的时候，一定要系好安全带，不可以随意走动；如果有什么需要，可以小声告诉爸爸妈妈，不要打扰到旁边的人。你还可以在平时的生活中多和孩子强化"公共场所"的概念。

首先，家长要以身作则，给予孩子正面的影响，在日常行为中为孩子树立遵守规则的榜样。比如，在公共场合不要大声喧哗这件事，日常生活中家长就要告诉孩子如何遵守规则，还要给予孩子监督指导，不要等到事情发生了才去控制他的行为。除此之外，家长还要让孩子明白遵守规则的严肃性，不能把规则当成儿戏。像过马路闯红灯这样的行为，家长绝不能起"带头作用"，多次侥幸的"示范"会给孩子造成不好的影响。所以，家长不能让自己的不良行为影响孩子。

家长还可以模拟对比一下遵守规则和不遵守规则带来的不同结果。比如，可以问一问孩子，在快餐店点餐，如果人很多，大家都很着急，所以没有人排队，全都往前挤，会是怎么样的后果呢？这样引导孩子自己思考，孩子会有更深刻的体会。

其次，家长可以在家里让孩子参与一些规则的制定。家庭是孩子成长的第一个社会环境，同样也是需要规则的，不妨在你的家中和孩子一起讨论出家庭成员需要遵守的规则。

萌姐有一次去朋友家里做客，发现他家里的柜子门上贴有标签。原来是孩子总是乱摆放东西，不知道把东西归位，有时候找不到东西了又急得耍脾气。于是爸爸就专门针对这个问题组织了一次家庭会议，和孩子商量解决办法。朋友还特意告诉我，这个在柜子上贴标签的主意是孩子提出来的，为的是提醒家里人常用的东西要放在固定的位置，如果标签掉了或者实在不知道有的东西放在哪里，就设置一个公共回收箱子，让孩子把那些不知道如何归位的物品都放在里面，集中在一起等到家长回来的时候一起做好归位。这个家庭规则还真的有效解决了孩子找不到东西的问题，而且这个规则是孩子提出来的。这样，孩子不但非常有成就感，还一直在按照这个规则去执行。

你不妨也针对家里的一些情况，和孩子讨论、制定出需要遵守的规则。在规则的制定过程中，要让孩子充分参与进来，制定出来的规则最好是在家长的引导下，由孩子亲自提出来。如果不是孩子提出来的，也一定要得到孩子的充分理解和认同。这样的规则制定出来才是有意义的。当孩子参与到解决问题的讨论中，在做解决方案的时候，他才会理解规则，也会更加主动地去执行立下的规矩。同时这个过程也能让孩子有主人翁意识，提高独立思考的能力。

第二点，家长要与孩子一起观察新闻时事，传递价值观和人生观。

新闻时事大多是发生在我们身边大大小小具有典型性的事例，这些典型事件产生的一些价值观可以更加直观地教给孩子归属感和社会责任感。家长可以选定一些适合孩子的新闻内容，通过新闻了解社会，帮助孩子多角度看待人和事，用真实鲜活的新闻给孩子直观的教育。

萌姐小时候过暑假时，老师经常会布置作业，让我们回家多看新闻多读报，要选定几个主题，比如说"责任感""乐于助人""奉献"……以这几个主题为中心，找到相关的社会新闻事件，来写一些自己的感受。家长在平时生活中也可以这样做，今天和孩子看了一个新闻，然后大家一起讨论一下，找出这个新闻的关键点，主要说的是哪方面的，是关于哪种价值观的体现。也可以做个简单的辩论，家长站在一方发表感想，孩子站在另一方发表感想。通过简单的讨论让孩子明白社会的"边界感"，锻炼他们明辨是非和独立思考的能力。

第三点，帮助孩子建立"不能做法则"。

前面两个方面更倾向的是家长告诉孩子哪些是能做

的事情，是应该遵守的规则。这里萌姐要和家长们来说说如何帮助孩子去找到"不能做"的规则。

建立"不能做法则"有几个重点。首先，要分清楚规则类别，学会归类。法律法规这些也是规则，在这种大规则里面不能做的有很多，如不能吸毒、不能赌博……往小的方向来看，身边的一些"不能做"的事情有哪些呢？像"不能在吃饭的时间吃零食""不能在别人说话的时候随意插嘴""不能在考试的时候作弊"……这些都属于不能做的事情，让孩子内心有个认知，规则不分大小，违反了都需要承担后果。

一旦孩子违背了这个规则，就需要承担一定的后果，让孩子明白违背规则的后果，而这个后果通常是孩子不愿看到的，以此来引导孩子的行为。久而久之，这样的规则意识就会被孩子内化。之后，当家长不在孩子身边进行监督、不再有外在的规则限制时，孩子也会被自身内在的规则所驱动，形成自身的规则意识。

其次，家长不要纵容孩子，不要拿"他还是个孩子，不要和他一般见识"这样的理由替孩子开脱。有些孩子常常会有这样的想法：我是小孩子，我可以为所欲为。当他有这种思想的时候，其实是相当危险的。孩子的"为所欲为"，正是他没有原则的表现。萌姐有一次在小区散步的时候，有个五六岁大的孩子突然跑出来，一头撞在我身上，还冲着我做鬼脸嘻嘻地笑。

还没等我开口，后面跟着的妈妈跑过来，对我说了一句"他这是和你打招呼呢"。紧接着孩子没给我半点反应时间，又照着我的脚丫踩了三脚，然后就"嗖"的一下跑开了。令我惊讶的是，这个过程中那位妈妈既没有阻止的意思，也没有再和我说一句话，而是一边说着"你这孩子怎么这么淘气"，一边匆匆跑开了，只留下一脸错愕的我在原地，脚丫疼得动不了……其实，孩子有不良行为是很正常的，可悲的是家长熟视无睹。父母的教育既是对孩子行为的塑造，也是价值观在代际间的传递，当父母对孩子的越界行为不作为时，孩子自然就会觉得这样做没有什么不对，"我是小孩我有理"。

第四点，家长要多关注孩子情绪，发现孩子的困惑和误区要及时指正。

一旦规则制定，孩子和家长都要坚定地去执行，在执行的时候家长要多关注孩子的情绪。如果发现孩子有逆反心理或者做得不对，就要及时指正。

萌姐举个例子，家长规定了孩子每天做完作业后有半小时的娱乐时间，当孩子超出这个时间时，家长就要及时提醒，告诉他规定的娱乐时间结束了。有些家长很随性，今天心情好，孩子也听话，就放宽条件，让孩子玩一小时，觉得无所谓。其实这一次的破例会让这个规则形同虚设。到了下一次你提醒孩子娱乐时间结束了的时候，孩子就会理直气壮地说："上一次不是让我玩了一个小时吗？这一次我也要像上次一样。"一旦家长不答应，孩子就开始闹情绪，甚至用不做作业、不吃饭来威胁家长。孩子之所以会有这种行为，就是因为家长先不遵守规则的，这就让孩子对规则产生了怀疑，模糊了规则的界限，容易让孩子产生逆反心理。

所以当规则制定之后，不只是要孩子严格遵守，父母同样也要坚定地执行。如果遇到这样的问题，家长可以这样告诉孩子："爸爸妈妈知道你特别想再玩一会儿，但这个规则是我们一起制定的，爸爸妈妈也陪着你，我们也不玩手机、不看电视。我们互相监督，如果每天坚持下来，周末的时候我们就可以多陪你玩一会儿，但平时还是要按照当时计划的来。"这样一来，家长在沟通的时候又把规则解释了一遍，让孩子知道不能违反。同时家长也要关注孩子的负面情绪，做到适当安抚，在适当的情况下，家长也要给予一定的奖励，当孩子能遵守规则、拒绝诱惑的时候，就给予正向反馈，从而让他更有动力去坚持。

萌姐还要提到一点，要帮助孩子学会控制情绪。这点在上一节抗压思维里面也提到过，孩子会因为需求得不到回应而闹情绪，家长不要立马满足或者采取极端的方式，要先让孩子缓和情绪，再做有效沟通；遇到孩子不合理的要求，父母要和孩子讲清楚道理，坚定立场，让孩子懂得有些规则是不能打破的。

英国心理教育学者马格特·桑德兰曾经说过："界限与规则是一门艺术！如果你用好了，这将会使孩子的社会能力、道德以及情感能力得到发展；如果你用错了，这有可能摧毁他们的人生，让他们以恐惧和愤怒来回应这个世界！"希望每个孩子都能在家长的引导下，懂得这门艺术，拥有边界思维。

PART 4

让孩子不仅学习好，
更有好未来

目的：拥有应对不确定、不稳定的能力

持续竞争力

共赢思维

孩子不懂分享、爱占小便宜怎么办？

萌姐看过一个心理学研究，说孩子在自我意识形成和发展的最初阶段，所有的心理活动都是单纯围绕自己出发的。通过接触了解周边的事物来获得自己想要的东西，然后随着孩子自我认知能力的增强逐渐学会分享。所以，很多孩子在 2~3 岁的时候眼里只有自己，还不懂得"分享"。过了这个阶段，他们才会慢慢意识到什么是"我的"、什么是"他的""他们的"，开始有了他人意识。在这个过渡时期，如果家长没有进行正面引导，那么孩子在自我转变过程阶段就会从"无私"变成"自私"。

其实现实中很多家长已经碰到这种情况了，孩子在家里是小霸王，什么好吃的、好玩的都第一个满足他，也不会说让他把东西分享给父母长辈之类的，只是一味地把最好的都给他。每个小朋友在家里都是受宠的，但是到了幼儿园，他们在玩具、零食相对有限的情况下，就会发生争执。我们家在小外甥女刚进幼儿园的那段时间常常接到老师的电话，说今天她和谁谁吵架了，明天她又和谁谁推来推去。这让家里人很是苦恼，不知道怎么让小外甥女养成分享的好习惯。如果你的孩子在这个阶段也还没有学会和同伴分享，这样下去，孩子以后会越来越自我，越来越自私。那么，有什么办法来解决这个问题呢？

这需要培养孩子的共赢思维。什么是共赢思维？就是让孩子明白这件事大家一起做，自己可以有所收获，别人也能有所收获，甚至1+1的力量大于2。很多东西其实不是零和博弈，有些家长的思维也一直习惯在0和1内找答案，给自己设限。只有跳脱这个思维，帮助孩子建立有效社交，培养他的团队合作能力，拥有分享的精神，孩子将来进入社会才会有更好的发展。**具体如**

何培养共赢思维，家长可以从以下四个方面入手。

第一点，让孩子多一些不同年龄层的玩伴，建立社交体验。

这点非常重要，现在很多小朋友都是独生子女，每天除了上下学就是关在家里自己玩，缺少玩伴。家长应该帮助孩子建立他们的社交网，多给他们创造和不同年龄孩子玩耍的机会。这样就可以形成相互影响、互相帮助、共同成长的氛围。

萌姐小时候住的地方是个家属大院，上下学都是一群小伙伴一起，年纪都不太一样，有同龄人，也有相差两三岁的，大家有着不同的兴趣爱好，家长就让我们一起玩耍。那些哥哥姐姐有意识地带着年纪小的孩子一起做游戏，也会帮助年纪小的孩子检查作业。久而久之，年纪小的孩子也非常依赖那些"小家长"，以他们为榜样，慢慢地把一些好的行为延续下去，有谁需要帮助，其他人就站出来。直到现在，萌姐回去也会经常和他们聚会，把生活、工作上自己难以消化的一些事情都和大家分享，听听他们的见解，每一次都收获良多。

如果邻里之间比较陌生，那家长也可以充分利用一下社会资源，比如说通过自己的资源人脉拉个家长群，每隔一段时间就举办一个特殊主体的派对，把孩子们聚起来，让他们自己交流。如果玩得很愉快，就下次再约，让他们保持友好的关系。这样的活动能培养孩子的共赢思维，孩子可以在这样的派对中学会很多东西，比如有的孩子会展现独特的领导力，有的孩子会在玩耍中学会如何变通，如何更好地与人交流合作。

还可以鼓励孩子多和与自己性格不同或者互补的人交朋友。有的孩子可能对某种性格特质有特别的偏好，所以自己交到的朋友在性格上是同一个类型的。比如，萌姐小时候属于活泼好动型的，所以萌姐就更喜欢能和我玩到一起的小孩子。你可以观察一下自己家孩子交朋友的偏好，有意识地引导孩子结交可以和自己性格互补的朋友。萌姐曾经看到这样一段话，来分享给家长们："内向的孩子需要性格更外向一点的同伴，受到溺爱的孩子需要性格自主、独立的玩伴，胆小的孩子需要跟更勇敢的年轻人在一起，不成熟的孩子可以从一个比他大的朋友那里获得益处，太依赖想象力的孩子需要更平实一点的孩子来中和一下，富有侵略性的孩子需要受到强壮但不好斗的伙伴的抑制。"

另一个建立社交体验的有效方式是之前提到过的夏令营，还有社会上的一些亲子活动等。让孩子多参加这些集体活动去认识新的朋友，在特定的活动时间，孩子更容易对玩伴产生信赖，这样就可以慢慢拓宽孩子的社交网，让他自己在这个圈子里处理和朋友们的关系，共同学习、共同进步。

第二点，用寓言故事教孩子学会分享。

除了同伴的交往之外，父母也要以身作则，在日常生活中随时随地引导孩子，教会他们分享。这里特别要提到的就是给孩子阅读寓言故事。寓言故事能把一些做人做事的道理都融入短短的故事里，对小朋友来说既生动形象又容易理解。如果家长只是单纯地跟孩子说这可以做那不能做，孩子对指令性行为会比较反感。而在故事的代入感中，能让孩子设身处地地去感受故事人物的心理变化。

萌姐至今记得第一次深切感受到寓言带给我的力量，还是在幼儿园的一节主题班会课上。当时，老师让我们表演"孔融让梨"的故事。幼儿园的小朋友不是很懂故事含义，扮演"孔融"的小朋友还没有轮到他说话，就拿起了其中一个梨吃了起来，大家哄堂大笑。虽然演砸了，但老师当时循循善诱地给我们引入的"谦让"故事让大家都深受感染。回到家，我立马给爸妈讲了这个故事，还在吃饭的时候帮助他们夹菜。这些都是以前我从来没有做过的事情。

家长可以在孩子每天睡前或者在孩子的阅读时间和他一起阅读这类寓言故事，你读完后让他学着复述一遍，可以引导他，反问他："你觉得故事里的主人公做得对吗？""如果是你，你会怎么做呢？""你还学会了什么道理呢？"这样一步一步给孩子以引导，让他有良好的分享意识，在潜移默化中学会分享，并运用到实践中。

第三点，让孩子参与角色扮演游戏，帮助孩子建立同理心。

萌姐最近做了一个市场调查，发现有种新兴起的儿童职业体验馆非常火爆。这种场馆的开设其实是为了让低年龄段的孩子通过模拟和体验成人的职业和角色来了解和接触真实的社会环境。孩子扮演虚拟城市里的一个角色，可以是医生、教师等，由此来培养孩子的团队意识，锻炼孩子的社交能力，同时也能体验到很多工种的艰辛，了解到父母的辛苦。这个概念非常新潮，国内从2008年才开了线下的第一家，现在全国各地慢慢都开起来了，也越来越成熟。这一点萌姐是非常羡慕现在的小朋友的，时代发展迅速，各方面条件也好起来。在我们小时候，"早教"已经是很新奇的了，那时根本没有这么好的条件设施去体验。

　　萌姐建议家长让孩子也参与到这种角色扮演的活动中来，在这个过程中可以帮助孩子建立同理心。说到这里，可能家长立马就要带孩子去体验。萌姐只是给你们提供了一个可行性建议，不是每个城市都有这样的场所，其实这可以在自己家里完成。平时可以设置一个固定的家庭亲子游戏时间，通过简单的角色扮演游戏，帮助孩子学会分享和合作的技巧，同时还能加深与孩子间的情感。

那在家的亲子角色扮演怎么实现呢？最简单的就是做游戏，现在扮装游戏（cosplay）很多，如可以扮装《冰雪奇缘》中的小公主之类的角色。对于这种形式，孩子肯定不陌生。家长可以选一个周末在家里，一家人一起来玩角色扮演游戏。比如说，本周主题是孩子扮演教师角色的游戏。爸爸妈妈充当学生，端端正正坐着听孩子来讲一堂小课。孩子会把这件事情看得很重要，小黑板、粉笔各种道具都要安排上去。孩子一个角色体验下来就会觉得很有成就感，同时也能从这个扮演游戏中感受到辛苦，从而产生一些情感共鸣。家长小时候肯定也没少玩这种游戏，通过游戏更容易打开孩子的心扉，帮助他们产生一些良好的改变。

第四点，想要培养孩子的共赢思维，让孩子懂得分享，请先给孩子营造心理上的富足感。

萌姐记得我的小外甥女有一段时间特别迷恋一首儿歌，叫作《谁的东西谁决定》，歌曲很简单，歌词只有几句：它是谁的？它是你的，也是我的，它是全家的，大家都能用；它是谁的？不是你的，不是我的，它是妈妈的，由她来决定；它是谁的？不是你的，不是他的，它是我的，由我来决定。虽然歌曲很简单，但正是这样一首儿歌，可以引导孩子明白"物权意识"。

那么，什么是物权意识呢？简单来说，就是让孩子知道这件东西到底是谁的，只有这件东西的拥有者才可以自由支配和使用它。

现在的社会是分享的社会，物品共享、信息共享无处不在，而每位家长都希望孩子在成长过程中是乐于分享的，并且拥有良好的人际关系。但是有时候家长容易陷入一个极端，事事都要求孩子分享，孩子表现出一点不愿意就责备孩子小气。萌姐就在小区里看到过这样的情景：一个小女孩开心地在玩自己的泡泡机，邻居小男孩跑过来在旁边看着，明显是对泡泡机很感兴趣的样子，小女孩的妈妈对女孩子说："给弟弟玩一会儿吧，要学会分享哦。"女孩子明显不愿意，可妈妈还是硬抢过泡泡机，递给小男孩。这位妈妈的本意是想要让小女孩学会分享，可是如果每一次的分享经历都是这样不情愿的、不愉快的，往往会适得其反。

当孩子不愿意分享某一样物品的时候，家长不要急着反对和说教。萌姐记得小时候，有一次考试取得了很大的进步，萌妈给萌姐买了一套名人传记作为奖励。萌姐非常喜欢这样礼物，看得如痴如醉。有一次萌妈的同事带着孩子来做客，这个小女孩比较活泼开朗，她看到我书架上的这套书，想要借去看，其实我当时是非常不乐意的，拒绝的话还没有说出口，萌妈先凑到我的耳边，我以为她要劝我分享，没想到她悄悄说："萌萌，这是妈妈给你买的礼物，你有决定权，想借就借，不想借的话也没关系。"

萌妈当时说出这句话之后，让我有了一种被尊重的感觉。我觉得，这套书是我的，就算借给她，她也一定会还回来的，但是我幼小的心灵中还是多多少少有一种不太舍得的感觉。于是我就想了一个折中的办法：可以一本一本地借，看完一本她还回来的时候再来借下一本。当时我们两个对这个方案都很满意。之后她经常来我家借书，还会把自己家里的书带过来借给我读，我们两个读书的趣味相投，会一起讨论书中的内容，直到现在，我们还时常聚在一起聊一聊最近看过的书和电影。现在萌姐回想起来，我们两个在这个借书、还书、换书看的过程里，其实就是一种很好的共赢思维的体现。

分享是一种美德、一种风度，更是一种难得的品质。学会分享，也是掌握团队协作能力的前提。懂得分享的孩子，以后的人生之路会走得更加顺畅。

团队思维

孩子我行我素、不懂配合怎么办?

萌姐曾经收到一位妈妈的私信,这位妈妈说自己的女儿平时有些我行我素,也可能是因为家庭氛围的影响,家里人比较民主,平时也很尊重小姑娘的想法。但这也渐渐让孩子养成了一种不好的思维方式,就是不听任何人的劝告,做什么事情都觉得自己是对的。前两天有个同事带着孩子去她家里做客,女孩儿妈妈本想高兴地介绍两个孩子认识,结果她女儿根本不愿意,问她为什么不想认识,她给出了一大堆理由。经过这件事,这位妈妈非常自责,觉得是自己没有把孩子教好,孩子马上就要开始学校的住宿生活了,她担心孩子的这种性格很难融入集体当中,也怕到时候孩子不愿意配合他人，被同学们孤立。于是，她就想找萌姐帮忙，看看怎样去纠正孩子的这个坏习惯，趁着还没入学，还有时间挽回。

看到这位妈妈的留言，萌姐脑海里突然闪现出小时候的自己。某个时期我也是这样我行我素，昂着头不听劝，直到真正碰壁了才学会抱着妈妈哭，慢慢才懂得收敛自己的脾气。如果那时候没有和妈妈交谈一番，萌姐可能到现在还是一样的暴脾气。要怎么一步一步帮助孩子改变这种性格呢？其实很简单，就是让孩子有团体意识，学会合作，不要万事自己扛，要虚心听取他人的建议。这其实就是一种团队思维，家长要在孩子进入真正的集体生活、迈向社会之前，就要让他思考、理解什么是团队、集体，相较于个人，集体中的自己应该扮演什么角色，又能够付出和收获什么。在团队中获得成长的孩子比在家庭庇护下的孩子更加独立清醒。今天我们就来学习一下**如何帮助孩子建立这种团队思维。**

第一点，家长可以帮助孩子在生活中建立团队感。

心理学著作《自卑与超越》中，作者阿尔弗雷德·阿德勒这样写道:"我们不能期待一个没有上过地理课的孩子在这门课的考卷上会答出好成绩,我们也不能期待一个未被训练合作之道的孩子在面临一个需要合作训练的工作时会有良好的表现。"有些能力很强的孩子往往会存在这样的问题,当自己完成一项任务的时候,总能够出色完成,而当他需要团队合作去完成一项任务的时候,却找不到自己在团队中的角色和优势。团队思维并不是与生俱来的,而是需要家长在生活中给予孩子专门的培养和训练。

就拿上面那位妈妈的例子来说,孩子要过集体生活了,才意识到让女儿融入集体的重要性,这种临时抱佛脚的想法要不得。家长在平时就应该给孩子营造集体氛围,以家庭为单位,先帮孩子融入家庭小团体当中。

很多我行我素的孩子,他们的家长一般分为两种情况:一种是和孩子没有良好沟通,孩子也不爱和家长交流,所以很自我、叛逆;另一种是什么事情都让孩子自己决定,不干涉他们的生活,这会让孩子很自负、目中无人。不管哪种,都是极端的教育行为。我们不仅要和孩子建立良好的沟通方式，还要适当地让孩子参与家庭决策。

　　家中大大小小的事情都要让孩子知道一些，以培养他的参与感。平时家长在谈论问题的时候可以有意识地问问孩子，比如说"你怎么看？""你觉得买这个好还是那个好？"……让孩子有决定投票权，让他知道自己也是重要的一分子。当然把孩子真正当成家庭的一员不能光让他参与决定，如果他有做得不好的地方也要当面指出来，并和他说明原因，这样孩子才能真正懂得决策的意义。有研究显示，那些经常参与家庭决策的孩子更有集体责任感，遇到事情也肯尊重大家的意见。这说明，帮助孩子在生活中建立团队思维这个方法是有效可行的。

　　家长还可以利用假期的家庭活动来培养孩子的团队思维。家庭是最小的团体，也是孩子最早接触到的团体。如果家长能利用好家庭这个团队，就能很有效地培养孩子的团队意识。家长要做的就是不包办。举个简单的例子，周末全家要一起出去野餐，全家人可以先召开一个简短的家庭会议，商定好去野餐需要哪些准备，比如需要准备好食物和水，需要准备野餐布、干湿纸巾等卫生用品，需要准备创可贴、驱蚊液等应急药物。商定好这些事项之后，可以把相对简单的任务分配给孩子。妈妈负责准备食物和水，爸爸负责买一些应急药物，孩子负责准备野餐布和干湿纸巾。通过任务的确定、分配和执行，孩子能更好地体验到团体的概念，并且能体会到自己也能为团体贡献力量的满足感。

第二点，让孩子实实在在地意识到团队协作会给自己带来益处。

有些孩子喜欢我行我素，做什么事情都独来独往，可能是因为他还没有体会过团队思维带来的益处。家长要让孩子明白："只身一人，我们能做的少之又少；并肩协作，我们能做的很多很多。"你不妨从自然界入手，给孩子讲一讲团队协作给个体带来的益处。

比如鱼群效应。大海中游泳的鱼，当遭遇猎物攻击时会围作一团，忽聚忽散，就像一个严密分工协作的组织，共同抵抗猎物的攻击。

比如大雁南飞。为什么大雁要排列成严密的队形，而不是各飞各的？那是因为当前面的大雁拍打翅膀的时候，可以为它后面的大雁制造上升气流，这样后面的大雁在飞行中更加省力，如此可以提高整体的效率。

比如犀牛和犀牛鸟这对好搭档。凶猛的犀牛发起脾气来，大象都要畏惧三分，但这强大的猛兽却容易受到蚊虫叮咬的折磨，这个问题就需要它的好朋友犀牛鸟来解决。犀牛鸟常会栖息在犀牛的背上，吃掉犀牛身上的蚊虫。如此一来，犀牛可以解决被蚊虫叮咬的困扰，犀牛鸟可以解决自己的温饱问题。这些都是自然界中的团队协作带来的双赢。

第三点，可以让孩子有自己的社交范围，鼓励他们参加校园活动。

这个方法我们在前面共赢思维里也提到过，家长要鼓励孩子建立自己的社交圈。每个人都不是孤立地生活在这个世界的，总要与人交往、合作。多参加校园活动，可以让孩子最直接、真实地体验到这种关系。一个懂得合作的人，能更好地适应环境，并能很好地发挥自己的潜能。

　　文艺会演其实是一个很好的拓展孩子社交范围的活动。几乎每个孩子在学校都要经历这样的汇报演出，不管是以个人形式还是集体形式。演出之前紧锣密鼓地排练，平时不熟悉的同学也在这一次次的排练中深交了。在无数次磨合之后，大家发挥出了最好的状态，呈现出了最完美的演出。

　　这里萌姐又要提到小外甥女的一个故事了。大家都知道萌姐的小外甥女性格比较活泼，家里人曾送她去少年宫学过一段时间的唱歌。她唱歌虽然没有什么天赋，但是交朋友挺快。每天回家都和我们汇报又认识了谁谁。他们班上还有一个比较腼腆的男孩子，因为性格内向，大家都不爱带着他玩，到少年宫期末测评的时候，每个人都要交出一个作品。小外甥女就很有义气，自愿和这个男孩组队，那时候她天天跟人家一起练习。到演出那天，萌姐被推选为家庭代表而参与其中。到了小外甥女表演的时候，萌姐都被那个男孩的歌声惊艳到了。演出结束后，他们这一组拿了最高分。所有小朋友都围在那个男孩子身边夸他唱歌好听,小外甥女叉着腰很神气地说:"我早就知道,你们看吧,我朋友就是那么厉害。"当时我还挺为小丫头骄傲的,因为她能帮助自己的朋友勇敢地站在台上,能够发现自己朋友的闪光点。我想,这就是孩子们社交的真正意义,他们能够互相帮助、互相成长。

第四点,家长可以引导孩子思考在团队中不同位置的不同责任。

"团队合作"是个人能力中的重要一环,据萌姐所知,各大企业也都把"是否具有团队合作意识和能力"作为一项考核员工的重要指标。萌姐有个好朋友从小在国外学习长大,有一次我专门和她聊了聊关于教育的问题。她说自己成长最受益的一点就是"团队合作",这个词贯穿了她的整个学生时代,不管是做手工作业还是完成一个学习项目,都是以团体的形式,几乎不会有"孤军奋战"的情况出现。正是因为这种强制的学习需要,大家经常在一起讨论,不断推翻不断重来,在合作中学到了更多课堂上学不到的知识。正是这一个个团队作业实践，让她知道了自己在团队中的角色定位，这些都帮助她探索了更多的可能性。

可能很多孩子天生就不是领导者，但通过团体项目的学习，他们明白了分工、角色、职责的含义。在合作过程中了解了一个项目的所有流程，也知道了每个分工的价值。当开始下一个项目的时候，那些孩子就会从被领导者的角色转变成领导者。领导力就是产生于一次次的团队合作中。所以，家长要鼓励孩子在不同的团队合作中尝试不同的角色，探索自己最大的可能性，并理解每一个岗位的必要性。

第五点，让孩子在游戏中体验团队思维。

孩子天性爱玩，家长可以把游戏和教育结合起来，在游戏中潜移默化地教给孩子一些道理。那怎样利用做游戏、做什么样的游戏，才能提升孩子的团队思维呢？这里萌姐向家长推荐两人三足的小游戏。

萌姐公司团建的时候就经常带着员工们做这项游戏，为的是磨合团队，鼓舞士气。这个游戏也非常适合孩子。游戏规则很简单，每队选取相同数量的队员，两个相邻的队员之间手挽住手,两人的其中一只脚用绳子绑在一起,队伍呈直线形从比赛起点出发到达终点,最终以完成时间长短进行排名。这个游戏看似简单,你尝试过之后,就会觉得真的很不容易。不是某一个人跑得快就能胜利的,需要考虑到力量和技巧,要注意每一个间距、迈出去的每一个步伐。比赛的时候,所有人都要一条心,甚至成为一个整体。这类游戏还有很多,在孩子们的运动会上经常会出现,最终的目的就是让孩子明白团队之间协作的能力以及奉献的重要性,要让他们明白团队的力量永远大于个人的力量。

领导力思维

如何让孩子具有独特的"气场"?

上一节的"团队思维"和这一节的重点"领导力思维"是一脉相承的。家长让孩子学会融入团队生活,找到自己的分工,这只是迈出了一小步。要想在团队中发挥主要作用,实现自己真正的价值,家长还需要让孩子朝着领导者的方向靠近。很多家长肯定会有这样的疑问,我们也想要孩子更加出色,但他们天生就不是这块料——内向、胆小、不敢和别人说话。但别人的孩子好像天生就有那么一股劲儿,说话有条理,做事果断,别的孩子都信服他。人家是怎么做到的呢?这就是萌姐这一节要讲的领导力思维。

什么是领导力思维?它指的是一种综合性的能力,

包含语言表达清晰、决策判断正确、自信等。如果你的孩子还不具备两种以上的能力，那么将来面对竞争、面对生存也会有很大压力。因此家长需要找到方法去帮助孩子找到那股劲儿。这一节萌姐就想和大家分享一些经历和经验，从自己的成长中获得灵感、找到方法，给家长们一些建议。

第一点，让孩子学会有担当。

有担当体现在两个方面——对自己负责和对他人负责。对自己负责，就是要求孩子勇于承担责任。交给你一件事情，从头到尾都要负责，而不是说做了一半发现太困难了，就甩手不干了。很多孩子都有这种坏习惯，做事情半途而废，自己的事情都完成不了，怎么能让别人对你放心？还有的孩子求胜心很重，爱钻牛角尖，只追求结果，"你不是让我做这件事吗？我完成了啊"，至于过程怎么样，他们毫不在意。有的孩子在做事时会偷工减料或耍小聪明，这也是不可取的。家长要让孩子脚踏实地地做事，每一步都要负责，如果出了错误，就要自己承担。

萌姐记得刚上小学的时候，因为早上起不来床，让萌妈费了不少心思。那时候为了让我每天按时起床，萌妈可谓"威逼利诱"，可就是不起作用。后来有一次，萌妈早上叫了我一次，之后就再也没有催我，结果那次我因为迟到错过了学校的早读，班主任严厉批评了我。从那之后，我每天晚上都会自己定好闹钟，第二天闹铃一响，我就会迅速起床。因为我知道，如果迟到就要挨批评，而因为赖床迟到挨批评，这对于要面子的我来说简直是"奇耻大辱"。萌妈通过那一次对我的"放纵"，让我学会了要对自己的所作所为负责。

对他人负责，体现在孩子要对小伙伴有责任心。一旦你的孩子开始主导一件事情，那么对团队的其他小伙伴，他都要照顾到。从分配任务到完成任务，孩子要和每位小伙伴沟通，在沟通中发现一些问题，并一起解决。不是说某个小伙伴做事不认真、做得不够好，就拒绝和他组队，让别人也不理人家、孤立人家。这不是领导能力，而是自私的行为。家长要告诉孩子，不能只想着突出自己，不能抛弃小伙伴，要带着伙伴们一起进步，才是真正有担当的领导者的体现。

父母在家中可以通过分配家务的方式让孩子学会对自己和家庭负责。萌姐小时候家里有一个小小的传统，就是吃完晚饭全家人一起收拾碗筷、做家务。我还记得，我上幼儿园的时候，萌妈会在餐桌上的餐具都被收到洗碗槽之后给我一块干净的湿抹布，让我和爸爸一起负责把桌子擦干净，我会模仿着爸爸的样子，认真擦桌子。那时候我非常喜欢做这件事，因为当看到干净的桌面的时候，我小小的内心就有很大的成就感，还会指着餐桌说："看我多厉害！"大概从我上小学开始，除了擦桌子，我还有另一项任务，就是洗碗，那时候我个子还很矮，萌妈专门给我准备了一个小凳子，我郑重其事地戴上手套，站在水槽前洗碗。一开始还很笨拙，萌妈耐心地指导我要倒多少洗涤灵、要怎样使用洗碗布、要怎么冲洗才能确保洗涤灵都被冲洗干净。晚饭过后的家务时间是充满欢笑的，全家人在不知不觉间就完成了自己的任务。

在父母的帮助和指导下，孩子能做到的其实比家长想象的更好、更多，孩子的成长需要呵护，但是请家长别过度保护，给孩子一些自由的权利，放手让他们去做一些家务活，要让孩子学会对自己的生活负责。

第二点，培养孩子主动解决问题的能力。

没有哪个孩子天生就会自己解决问题，他们需要的是足够多的机会去实践，从而找到自己解决问题的方法。家长可以在平时生活中多给孩子一些这样的机会，从简单的问题开始，交代他们完成。比如说，"爸爸今天刚买了一个咖啡机，但是爸爸没时间看说明书，你能帮我看一下，然后告诉我它的使用方法吗？""周末我们去一个地方玩，你能帮爸爸妈妈收集一些信息吗？帮我们规划一下行程。"……要让孩子觉得这些问题是家长主动寻求他的帮助，且这些问题不是难以解决的，只需要花时间去了解、整理即可。那么孩子接手之后，就会比较有自信地去完成。当然一开始家长可以给出一些比较简单的问题，之后再慢慢加大难度，需要让孩子动动脑筋，转个弯才能做到，一步一步打开他的思路。最要紧的是，如果他解决了问题，家长要及时给予鼓励，这在前面我们也都提到过，及时的鼓励和正向的反馈，能够给孩子更大的动力，经过一段时间，孩子就会变得对解决问题越来越熟练、自信。

第三点，鼓励孩子发展优势，在优势中建立自信。

有优势的人能在团体里更加夺目，如何挖掘孩子的优势呢？这就需要家长的努力，要多鼓励多观察，不要轻易下结论。

萌姐想到一个小故事，是德国诺贝尔化学奖得主奥托·瓦拉赫的成长故事。他在上学的时候也是默默无闻的那种孩子，父母想方设法去挖掘他的优点，让他去学习文学，又让他去学油画。由于做事过于严谨、死板，被老师说成"没有才华，相当笨拙"。这下家长也对瓦拉赫失去了信心。这个时候，瓦拉赫遇到了他的化学老师，他觉得瓦拉赫做事一丝不苟，虽然在学习文学和艺术上"不开窍"，但是瓦拉赫能把化学实验做得很好。就这样，瓦拉赫听从了这位化学老师的建议，改为向化学方面发展。于是瓦拉赫找到了自己人生的舞台，孜孜不倦地在化学领域学习研究，后来终于荣获了诺贝尔化学奖。

萌姐提到这个故事就是想告诉家长，要想让孩子变优秀，必须找到合适的方法。家长自己都不观察孩子、发现孩子的优点，又怎么能让他脱颖而出呢？在平时的生活中可以和孩子一起找到他的兴趣、爱好，并听取各方面有效的意见。

当然，也不能单从短期结果考量，要多花时间帮助孩子培养兴趣，再帮助孩子精进，从而提升孩子的核心竞争力，提高他的自信心。这个过程中，家长不要否定和责备孩子，很多孩子偏科或者隐藏着才华，或者生性内向，这与父母后天的教育有非常大的关系。如果只会责怪孩子，觉得他不够聪明，不够优秀，只会打击孩子的自信心，长此以往会对孩子的心理产生极大的负面影响，很多优秀的孩子就这样慢慢黯淡了光芒。

第四点，让孩子学会有勇气争取。

家长要引导孩子积极面对每次竞争，要让他们学会有勇气争取，学会享受过程，孩子在坦然地接受挫折之后，对下次竞争就不再惧怕了。

萌姐自己也是经历过这个阶段的，其实萌姐很理解孩子的感受，不敢争取其实就是害怕在竞争的过程中失败，怕丢脸被嘲笑。我们要告诉孩子输赢只是结果，在努力争取的过程中经历到的事情、学到的经验才是财富，帮助他减轻怕失败的心理负担。

　　萌姐小时候第一次勇敢争取的是一个小组长的名额。在幼儿园里只要你表现得好，就会有小红花，但上了小学只有少数人才会有荣誉。萌姐当时很想获得三好学生奖状，于是就想当上小组长好好表现。这个话说出去后，我在行动上却积极不起来。老师在班会上让候选人上台演讲，然后无记名投票，当场出结果。上台已经很紧张了，如果没有得到几张票，名字孤零零写在黑板上，萌姐认为是十分丢脸的事情，反正竞选前一周萌姐就没睡过一个好觉。这个时候萌妈就帮我排解，她说："你想当小组长这个想法是值得表扬的，如果你当上了就意味着责任大了，只有自己表现得好，别人才会认可你。即使你没有当上也不用担心，说明自己还有很多进步空间，大家之后看到你的进步还会选你当小组长的。"

听了这话之后，萌姐就非常有信心并且更坚定地竞选小组长。不管结果怎么样，先给大家留个印象，如果失败，就继续努力。

孩子勇敢争取的本意是好的，既然他能够说出来，家长就要积极地帮助、鼓励，让他有信心去尝试，即使在尝试中失败了，他也会有所收获。如果能一次成功，就会让孩子知道自己的能力并且更加自信。在这个过程中他会看到不一样的自己，找到自己的独特气场。萌姐要提醒家长切忌对孩子泼冷水，有些家长听到孩子想争取的想法时，可能会说"你行吗"；孩子争取失败了，又会说"你看我就说你不行"。这样孩子就会逐渐对任何事情都提不起兴趣。不论结果输赢，孩子勇于争取本身就是值得鼓励的。

每个孩子都有成为领导者的潜力，只不过有的孩子可能具有更多特征。无论孩子的潜力特征是什么，潜力是什么水平，都可以培养成领导者。

优势思维

孩子有一颗"玻璃心"怎么办？

很多家长发私信给萌姐时都会聊到一个词儿就是"玻璃心"，他们会说自己的孩子比较自卑——"玻璃心"，听不得一点儿的批评。

英国儿童心理学家西蒙·安妮提出过一种"蛋壳心理说"，指的就是某些孩子的心理防线薄弱，和蛋壳一样易碎。"玻璃心"的孩子其实就是这种"蛋壳心理"在作祟，这些孩子通常有这样几种表现：特别在意别人对自己的看法；如果受到了批评指责，就会闹脾气，萎靡不振；面对挫折，往往依赖于父母和他人的帮助，无法独立解决问题；等等。哪些原因会导致孩子变得敏感、自卑、"玻璃心"呢？

家长可能需要从自身找原因。萌姐自己也接触过拥有这些特质的人，据他们说，这种自卑源自小时候的一些"心结"，从小缺乏安全感，很在乎家长对自己的评价。一旦没有达到父母的要求，就会被父母在言语和行动上打压。小时候的这些经历一直提醒着他们"自己不行、不够优秀"，导致长大后也不敢轻易尝试新事物；在做事情的时候会认为自己不行，没有能力，缺乏自信，甚至变得自卑。如何解决这个问题呢？萌姐今天就想和家长们来聊一聊优势思维。什么是优势思维？就是让孩子发现自己的闪光点，在优势中获得自信，获得成长。**家长要想帮助孩子培养优势思维，需要从以下四个方面着手。**

第一点，不要让孩子一直做不擅长的事情。

萌姐先讲一个有意思的寓言故事。鸭子先生是森林学校的游泳教练，他的游泳班里都是小鸭子在学游泳，这些小鸭子的游泳技能已经达到了一定的水平。于是鸭子教练突发奇想，打算召集一批不会游泳的小动物。正巧长跑班的小兔子觉得自己的长跑技能已经在森林学校里名列前茅了,它想挑战自己。于是小兔子成了鸭子教练的学生。众所周知,小兔子是三瓣嘴,它一下水,嘴巴就漏气。鸭子教练让小兔子坚持,还说:"想要成功就要不断努力练习,你看我两条腿都能游得这么快,你四条腿更没问题!"小兔子觉得鸭子教练说得没错,于是更加刻苦地练习。可是到最后,小兔子也没有学会游泳。

很多家长都有一个误区,他们觉得小孩子什么都不懂,所以什么都让他们学,有时候孩子说了很多遍"不喜欢""不想要",家长潜意识会认为他们害怕或者是不敢做,认为他们胆小没出息,硬是要帮他们"渡过难关"。这时候,家长岂不是成了寓言故事中的鸭子教练,不懂得帮助孩子扬长避短,还美其名曰为了孩子好?这是一个很深的误解,虽然说家长的出发点是好的,就是让孩子挑战自我,但是孩子尝试过一次觉得不适合自己,或者自己不擅长,第二次、第三次都会有同样的感受,这就意味着真的不适合他们。

不是所有的铁杵都能磨成针,也得分不同材质。萌姐的意思就是尽量根据孩子的自身情况来决定，有些孩子确实练习了，如果没有天赋，那就绕开走，不在这一件事上打转。你让一个天生没有艺术天赋的孩子去学画画，那再怎么努力，也不会有所成就，孩子自己做着不擅长的事情也会越来越自卑，他也不愿一次次受到打击。

所以，当家长发现孩子不擅长做某件事情的时候应该扬长避短，帮助孩子找到他的兴趣点，发展兴趣点，让他做自己真正想做的事情，培养他的自信心，这样他才能在自己擅长的领域发光发热。

第二点，家长不要用自己的意志绑架孩子。

几乎每个家长脑海里都闪过一个念头，就是"我觉得我的孩子适合走什么样的路""我觉得这样才是正确的"，然后自以为是地把自己的梦想强加在孩子身上。我们身边就有很多这样的例子。

萌姐有个朋友就是这样，她从小很喜欢唱歌，甚至一度为了唱歌要放弃自己的学业，后来出于种种原因只能把这个爱好搁置。等到她参加了工作后，又重拾这个爱好，但心有余而力不足，她开始对自己之前所做的决定感到遗憾，想尽力弥补这个遗憾。于是她让自己的孩子去学唱歌，在孩子年龄很小的时候，她就让他学习各种乐器。有一次我去他们家看到各种各样的乐器，便问她："你的孩子真的喜欢音乐吗？你看他愁眉苦脸的，你真的问过他的想法吗？"她告诉我说："我是为孩子好，他妈妈很有天赋，他一定也是这块料。"大概过了几个月，她打电话给我说有一天孩子做噩梦，嘴里喊着"不要学钢琴，讨厌妈妈"，她这才意识到自己可能魔怔了，拿自己的意志绑架了孩子，现在很自责。

我其实能理解她的感受，但是你必须承认每个孩子都是独立的个体，他有自己感兴趣的事情，有自己想过的人生，父母可以给出几个好的方向让他自己选。如果孩子选的和你想的重合那就再好不过了；如果他选了其他的路，父母就要学会尊重他的意愿，万万不能替孩子决定人生。家长可以和孩子共同去追梦，共同努力，共同陪伴。

第三点，让孩子明白每个人都有弱点和缺点，要接

受真实的自己。

金无足赤,人无完人。每个人都有自己的缺点和弱点,家长应该让孩子坦然接受自己的不完美。其实孩子在很小的时候就知道"比较"的含义,幼儿园里谁唱歌最好听,谁画画最好看,看拿的小红花数量就知道了。再加上家长有时候会不自觉冒出一些"别人家的小孩如何如何",这更让孩子因觉得自己做得不好而感到自卑。

在日常生活中,家长可以多和孩子沟通,如果发现孩子因为自己做得不够好而感觉自责的时候,就拍拍他的背,告诉他:"哎呀,这道题不会做没有关系,我们明天到学校问问老师就行了。""爸爸妈妈以前也和你一样,其实不拿满分也没啥大不了的,这意味着下一次还可以进步呢。"……像这样安慰的话语,能够切实帮助孩子缓解压力。家长也可以用自己的经历告诉孩子,弱点和缺点是普遍现象,人人都有,只有端正心态,接受自己的缺点,才能更有力量去改变,把缺点转化为优点。当然,除了家长自身的例子之外,还可以给孩子讲一些名人故事来引导他,伟人也有自己的缺点,他们没有因为自己的缺点而止步不前，他们的优点甚至完全遮盖了那些不完美，让孩子明白每个人都要正视自己的内心，这样才能真正去接受自己，变成更好的自己。

第四点，家长要发现孩子的优点，并帮助孩子发展优势。

分享一个小时候萌妈挖掘萌姐优点的非常暖心的方法。萌姐从小就是一个非常自信且有自己想法的小朋友，可是萌姐的童年也有一段"黑暗时期"，大概是小学四年级的时候，萌姐的班上转过来一位特别优秀的女同学，那位女同学不仅学习成绩名列前茅，而且"琴棋书画样样精通"。和她一比，萌姐觉得自己差了十万八千里，所以那段时间非常失落。萌妈也看出了我的异常，询问过原因之后，萌妈给我准备了一个非常漂亮的本子，让我每天记下一件自己做得非常好的事情。一开始我有点无从下笔，萌妈就在旁边提醒我："今天练钢琴的时候你弹得既优美又准确，这件事值得记下来哦！"或是："我看到今天你的作文书写得很工整，妈妈检查过后也没有发现错别字。说明今天的作业你写得格外认真!"经过萌妈提点之后,很快,这个专门记录自己优点的小本本,已经快写半本了。萌姐的心情也有了很大转变,连走路都自信了很多。

萌姐分享的这个小方法,看似不起眼,其实作用很大。它不仅能让孩子学会发掘自己的闪光点,克服自卑,还能对亲子关系的和谐发展起很大作用。你不妨和孩子一起尝试一段时间。除了这个暖心的小方法之外,发现孩子的优点,家长还可以从以下几个方面来实施:其一,父母应该去激发孩子的兴趣点,可以从小带着孩子参与各类型的活动,如果孩子没有表现出明显的兴趣或者没有特别的天赋,你也不要着急,给他时间和机会去体验,多观察他的表现。其二,如果孩子确定了自己喜欢的方向,父母就可以帮助孩子更深入地去了解这个领域,这个时候可以给孩子找专业的老师,报一些辅导班,多给予孩子鼓励,让他更加专注,不要轻易放弃。其三,培养孩子的综合能力,除了专注自己的优势,还要平衡其他方面,包括学习、社交等,这些都是相辅相成的。

很多家长觉得这些都是徒劳,他们眼里只有学习、只有高分,只是一味地盯着孩子的学习成绩而让他放弃自己的特长和天赋。其实这样不会让孩子更加突出,反而会抑制孩子的可能性。有句话说:千里马常有,而伯乐不常有。称职的父母,会让自己先成为孩子的伯乐,去发掘孩子的优势与闪光点。孩子的潜力是无限的,家长要练就善于发现孩子优势和特长的火眼金睛,并有针对性地加以培养,让孩子的潜能得到充分发挥。就像挖矿游戏中的矿工一样,一下下地开发这个矿藏,终有一天,孩子的潜能会和金子一样发出灿烂的光芒。

孩子优势的发掘最主要靠父母的努力,如果父母积极主动去发现孩子的优势和特长,并加以引导和雕琢,那么孩子的潜能必将被激发出来。一个拥有闪光点的孩子,必将是从容自信、内心强大的人。愿每一个孩子都能做闪闪发光的自己,远离玻璃心。

学习思维

如何让孩子形成自我学习、终身学习的好品格?

培养孩子的学习思维,让孩子形成自我学习、终身学习的好品格,在孩子的成长过程中是至关重要的。其实,不仅是孩子,同样也适用于我们每个成人。这一节萌姐要聊的就是学习思维:如何让孩子形成自我学习、终身学习的好品格?

在这个信息高速发展的社会,保持终身学习是每个人都应该做到的。很多人在走出校门后就丢掉了学习的主动性。然后在工作中要用到过往的知识,这个时候你要重新捡起来,会变得十分吃力。

每个阶段都需要不停地对知识进行输出输入,学习才是真正的永动机。尤其是我们生活在知识大爆炸的年代，知识的更新迭代正以我们难以想象的速度进行着。拥有学习思维是我们更好地生活在这个时代所必需的。当然学习并不只是孩子的义务，而是我们所有人的义务。为什么很多成年人都没有这种概念？其实就是缺乏学习思维。

关于学习思维，苏联教育家维果茨基曾提出过一个理论，叫作"最近发展区"。他认为学生的发展有两种水平：一种是学生的现有水平，指独立活动时所能达到的解决问题的水平；另一种是学生可能的发展水平，也就是通过教学所获得的潜力。两者之间的差异就是最近发展区。所以学习应着眼于学生的最近发展区，为学生提供带有难度的内容，调动学生的积极性，发挥其潜能，超越其最近发展区而达到下一发展阶段的水平，然后在此基础上进行下一个发展区的发展。

家长只有从小培养孩子的学习思维，才能让他在成长的道路上不断精进，实现自我价值。那要怎么培养呢？**家长可以从四个方面着手。**

第一点，家长自身要做终身学习的榜样。

萌姐曾经看过一个新闻，一位49岁的妈妈和自己的孩子一起收到了研究生录取通知书。原本这位妈妈只是来陪读的，给异地求学的孩子做做饭，打理生活上的一些事务。但在陪读的过程中，这位妈妈发现孩子非常焦虑，成绩进步也不大，无论自己怎么说，孩子都听不进去。这个时候她并不是坐以待毙，而是决定以身作则，成为孩子的榜样。她不是光看着孩子学，而是自己也在学相同的内容。孩子也在母亲的影响下，成功调整了心态，顺利考入大学。孩子也把学习这个习惯一直保留下来。后来这位妈妈还和孩子同时都拿到研究生的录取通知书。其实家长每一点小小的改变，都会成为孩子未来的"巨变"。

萌姐有个朋友一直很后悔自己小时候学钢琴时半途而废。她的女儿也从小对音乐很感兴趣，于是就学习钢琴。这位妈妈在陪伴女儿练琴的过程中，重新拾起对钢琴的热情，和女儿一起学习、彼此激励，还一起考级。

想要孩子成为什么样的人，父母必须先成为那样的人。如果你幻想自己每天晚上玩玩手机游戏、追追电视剧，孩子就能自动成为"学霸"，那基本是不可能的。更大的可能性就是孩子有样学样，要求看手机、看动画片。我很庆幸也很感谢萌妈从小对我的熏陶，她也一直用她的行动在引导着我进步。

家长可能会说自己没有时间，工作很忙，其实不需要花太多时间，你可以抽出工作外的一些时间，比如饭后、周末，在陪伴孩子学习的同时，自己也做出示范。此外，还要定期向孩子展示一些学习的成效。

萌姐每天都会花时间在写作上，然后每年都出版一本书，从不食言。这就是我对学习和总结所做出的展示。家长可能不需要像萌姐那样去出书，但也可以定期和孩子交流经验，比方说把自己的读后感写下来，每次写一篇，时间久了也会积累很多，算是对上段时间学习的见证，也可以反复阅读自认为很不错的书，并和孩子讨论，温故知新。这样做的同时，也潜移默化地传递给孩子终身学习的概念，学习不只是在学校。

第二点，家长应该给孩子传达正确的学习心态。

学习是一场持久战，每次考试升学就像是升级通关，让孩子不临阵退缩、端正学习态度是很重要的。学习态度好不仅能充分调动和发挥孩子的能动性，让他打好基础，还能帮助他在掌握丰富知识的同时培养良好的学习习惯，这些当然也是拿到高分的秘诀。

家长给孩子传达正确的学习心态，首先要让孩子明确学习的目的。很多孩子厌学，觉得学习没有乐趣，不明白学习的意义。家长需要告诉他的是，学习既不是为老师而学的，老师有那么多学生，一个学生不学习，其他人也不会被影响；也不是为了家长而学的，家长督促孩子学习，希望他成才，是为了孩子今后能够有更好的人生。孩子只有在明确学习的目的之后，才会有更多的主动性和自觉性。

其次，孩子在学习中遇到挫折和失败，不要轻言放弃。有的孩子学习的过程就像坐过山车，一次考试成绩好，心情就愉快无比，骄傲自满；一次考试考得不好，心情就沉到了谷底，这样的孩子往往抗挫折能力差。家长在这时候需要做的，就是要让孩子明白，一次考试成绩并不能代表什么，学习是一个长期的过程，考试只是这个长期过程中的阶段性测试而已。只有胜不骄、败不馁，在学习过程中用心，才能体会到学习中的满足感。

家长可以这样告诉孩子：学习是一个过程，一个不断重复练习的过程，掌握学习方法和技巧是关键。家长不要让孩子觉得一口气就能吃胖，学习需要"细嚼慢咽"，要把书本当作一根难啃的骨头。如果这一边很难啃下去，那就从另一边开始，多方面一起深入，就没有什么难啃的骨头，也没有什么难学的知识。

第三点，让孩子了解更广阔的世界，而不局限于教科书。

让孩子成为学校教育体制下的学霸固然重要，但更重要的是让他拥有终身学习的意识和能力，让他拥有在实践中学习的能力。很多知识都不局限在课本之内，知识无处不在，家长要帮助孩子了解更广阔的世界，在行走、实践中感受学习的魅力。相比书本上的理论知识，一些课外活动就是课上知识的衍生。

萌姐记得小时候课本上有"熟能生巧"的故事。古时候，有个叫陈尧咨的人射箭很准并且很自大，有一天他正在练习射箭时，一位卖油的老伯走了过来。当他向老伯夸耀自己的箭法时，老伯并不在意地说"这只不过手法熟练罢了"。说罢，老伯拿出一个铜钱放在葫芦口，随手舀起一勺油往葫芦里倒，葫芦倒满以后铜钱上没有沾到一滴油，众人都拍手叫好。这个故事给我留下的印象非常深刻，当时学习完之后老师组织我们开展了一个主题活动，叫作"我熟能生巧"。就是让每个同学都展示一下自己最厉害的特长，在这样的交流中，通过互动，每个人都能从同学身上学到课堂中学不到的知识。

学校里的这些活动，家长要鼓励孩子积极参加。在学校之外，家长也要帮孩子主动规划，让他参加夏令营、户外拓展课以及游学等活动，让他在行走和实践中收获更多知识。

有人说大自然是培养孩子学习能力的天堂，在大自然中蕴藏着一切。

第四点，帮助孩子建立长期目标，并建立自我梦想。

萌姐在前面讲过如何帮助孩子建立目标思维，学习思维同样要用到目标建立这一块的知识，家长要帮助孩子建立长期的学习目标，并建立自我梦想。学习的长期目标是需要花费几十年并为之奋斗的结果，应该定得比较远大一些，这样有利于发挥孩子的潜质。当然，大目标也要从拆分目标开始。比如说一个孩子以后想要成为一个作家，那他觉得单单这样每天学习语文是不够的，离自己的梦想太远。这时候家长可以做一些正面引导，分析写作的前提需要扎实的基本功，要勤勤恳恳学习各种学科的知识，不能偏科，平时也要关注生活细节和社会变化，鼓励孩子从随笔开始写起，再等到孩子上大学，可以选择学习相关的专业，为未来的职业铺路，直到最后实现梦想。

这一步步都是环环相扣的，有了这么一个目标之后，孩子学习的内驱力也增强了，当孩子拥有了自我驱动的求知欲后，即使没有父母的提醒，他也会专注于自己喜欢的事情，脚踏实地学习，并为了梦想而努力。当然家长仅帮助孩子树立远大的目标还不够，还应关注孩子将目标转化为行动，督促孩子立刻行动，不懈地努力，即使遇到困难也不停止，这样才能促使孩子最终把理想变成现实。

萌姐预测，在这个充满易变性的时代，终身学习将会是每个成功者必备的素质之一。要应对未来的挑战，要让孩子更有竞争力，请家长及时帮助孩子建立学习思维。

萌姐与妈妈的对话

母女有关成长的
Q&A

Q1 萌妈在养育萌姐之前,已经非常清楚自己该如何做一位好母亲了吗?

◉ **张萌**))

妈,您在生我之前就规划好要做一位好妈妈了?或者说,您在生我之前有什么样的规划吗?

◉ **萌妈** ♥

我这个人本身就愿意做计划。我们这代人也成长在一个计划经济的年代,虽然那个时候家里也没有什么规划,**但我想,自己的人生得有一点规划才行,特别是对孩子。**那时候无论从经济方面还是从我们自身的能力来说,都不具备养育孩子的条件,所以婚后没有立刻就要小孩。我想等我和你爸爸都成熟之后,再要孩子,这对孩子的教育也有好处。

● 张萌))

您 30 多岁才生孩子,身边的人会对您有看法吗?因为那时候是 20 世纪 80 年代,可能人们的想法还比较传统。

● 萌妈 ♥

对,当年人们结婚后第二年生孩子是很普遍的事情,但我还是想尽可能有一些妥当的规划,所以我跟你爸爸说咱们五年之后再要孩子,在春暖花开的时候把她生下来。这个孩子是一步步规划出来的。我们俩找一个最好的时机把她生下来,这样也有利于我们的工作、我们的成长,是吧?这也有利于孩子的成长。

Q2 您是怎么学习当妈妈的?

● **张萌**))

您之前有没有规划过怎么当妈妈,或者说是怎么学习当妈妈的?

● **萌妈** ♥

学习当妈妈,其实就是在孩子不断成长的过程中,你这个妈妈也得不断学习、不断成长,**从孩子身上你就学会了怎么做妈妈。**

● **张萌**))

上幼儿园的时候,我是什么性格?这期间有没有什么故事或者经验可以分享？因为我看到一些反馈，妈妈们对孩子学龄前这个阶段的教育还是比较头疼的。

● 萌妈 ♥

在上幼儿园之前，我们当然对你进行了一些学前教育。首先是作息，按照幼儿园的作息时间。其次是学习，也按照幼儿园的节奏上午学习，参与集体活动等，我们也给你安排了活动。经过半年多时间，你就适应了。再一个就是，幼儿园的那种活动桌我们早早就给你备好了，逐步地培养你自己吃饭、自己洗手、自己上厕所等，这些你力所能及的事都尽可能由你自己来完成。

然后模拟课堂情境，我们提一些问题，让你举手来回答。这个环节你非常感兴趣，到幼儿园之后，你就很顺利地融入集体了。我们也没想到你能那么快适应，况且你是插班进去的，跟其他小朋友都不熟。

● 张萌))

现在很多女性是全职太太，有更多的时间陪自己的孩子。可是我小的时候,您是有自己的工作的,而且工作很忙。有一件事我印象特别深刻,您因为开会,忘记来幼儿园接我。请您讲一讲这一次的情景。

◉ 萌妈 ♥

那是我的失误,妈妈现在都想向你道歉,因为开会把你忘了。你放学的时间好像是下午 5 点,我开会到晚上 7 点,会议一结束我一下想起来了,吓得我赶快往幼儿园赶。赶到之后,我看到你笑嘻嘻地跟老师在聊天,聊得非常热乎。看到我,你第一句话是"妈妈来接我了"。

老师跟我说:"你的闺女不得了,如果你再不来接,就要跟我一起回家了。"没想到你完全没受我忘记接你的影响,我挺震惊的。而且你还有自己的想法,要跟老师一起回家,当时你还邀请老师来我们家里玩。老师也非常惊讶,觉得你非常自立。这件事让我们对你赞叹不已。

Q3 如何提高孩子的自主性？

◉ 张萌))

有的妈妈可能会感到困扰，为什么她的孩子自主性特别差？妈妈，您能不能讲一讲是怎么提升我的自主性的？

我觉得有件事儿可以讲一下，我以前其实不运动，但是有一次我为了在运动会拿上名次，您就陪着我一起跑步，我对这个事印象非常深。

◉ 萌妈 ♥

你从浙大退学回来之后，好久都不运动了，又赶上离高考也越来越近，时间也不多了，所以我就想陪着你一起跑步锻炼。那个时候我身体不算太好，但我觉得，作为家长一定要引导孩子、陪伴孩子，这对孩子的成长很重要，所以也跟着你一起训练,让你更有坚持下去的动力。你的成长我现在总结出来一句话是: **参天岂非栽培力,悟得天性自长成。**

我们只是引一条路,更多地靠你的自觉性,这一点很重要。

Q4 为什么从小带孩子做公益？

● **张萌**))

我记得读小学的时候，到了周末您就带我一起去做公益。我记得当时去过敬老院，而且您是唯一的家长，带我们班所有孩子一起去的，您是怎么看待这个问题的？

● **萌妈** ♥

我认为孩子们都是好孩子，**家庭是孩子的第一所学校，家长是孩子的第一任老师，**家长的引导非常重要，要让孩子从小就有爱心。

学，不仅仅是学习，还有品德的养成。一个人的成长，不只是文化课方面，更多的是你要成为一个社会中的人，你最终要走入社会，所以那个时候我就和你爸爸想方设法地跟敬老院、福利院联系，让你们感受到老年人、孤儿他们的生活，知道哪些人是需要帮助的。

　　这让你们有一种慈悲之心，愿意献出自己的爱心，虽然活动很小，但是通过这样一个小的活动可以提高你们的公益意识，这很重要。

Q5 我是如何从"学渣"逆袭成"学霸"的?

◉ **张萌**))

我最早的时候不是一个学习成绩特别好的小孩,后来是在初二的时候,突然就变成另外一个人了。其实我当时的同学特别不理解。作为我身边最近的人,您是怎么看待这件事的?我有什么比较直观的变化吗?我突然的转变,从一个完全不愿意学习的人到一个酷爱学习的人,您感到惊讶吗?

◉ **萌妈** ♥

应该说也不惊讶,一个孩子成长中的任何微妙变化都逃不过父母的眼睛,你的经历也逃不过我们的眼睛。我们都看在眼里,这也是一步一步的,不可能突然就变得非常好,或者突然变得非常不好。

那个时候我们就在想，你平时都跟什么人接触，这很重要。**居必择邻，交必良友，**古人都是这样。我们觉得与你结交来往的同学很重要，当然我们也要影响你。

张萌))

我觉得我的同学好像都特别怕您，他们都不敢给我来电话，原因是每个同学来电话，您基本都要审查一下，从他父母的职业一直审查到他上一次的考试成绩。

萌妈 ♥

老话讲"学好学坏十三四"，那个时候正好是你的叛逆期，每个人都不一样。特别要抓住孩子的叛逆期，这一两年很关键。你看你叛逆期过了，学习就突飞猛进。但是叛逆期怎么引导，这也是一个课题。所以我也在你上初中这个阶段格外注意这些。既不能总是说教，因为孩子会有逆反情绪，又要充分了解孩子平时接触的人、环境和调整孩子的心理状态，然后进行正面引导。

Q6 妈妈是如何看待家长给孩子批改作业的?

◉ **张萌**))

您以前帮我改作业吗？我记得您从来都不帮我改作业。

◉ **萌妈** ♥

是的，我不给你改作业。而且我认为给孩子改作业的父母很"无知"，**我认为父母要教会孩子自己来学习**。我学会了奥数题没有用，必须让孩子自主学习，父母学得再好也一点用都没有。妈妈不帮你改，是想告诉你，我不会，你改完了之后再来教我，我来跟你学。这也是我们给你营造的家庭气氛，因为**我们父母是指路的，指路的人要把气氛营造好**。在你很小的时候，其实我挺讨厌历史的，当年上学的时候也不喜欢,但是为了你,我和你爸爸商量,必须营造气氛,跟你一起学习历史。我们学习《资治通鉴》《史记》都是在什么时候?在饭中或者饭后,或者其他零散的时间。你有你的书,我有我的书,咱们比赛看谁学得好,最后,其实我没你学得好,你来作为老师给我讲解,这个习惯一直保持到高中。

Q7 我是如何学美术的？

◉ **萌妈** ♥

　　你学美术这个事儿比较有意思。我记得应该是我学英语那段时间。我那时候很年轻，你也很小，英语班我又不能放弃，我那个时候在备考研究生，怎么办呢？后来我说能不能办一个美术班，把你放到美术班，我在英语班，正好有人来陪你这段时间，跟我学英语同时进行。事情就这么决定了，后来我又找了几个家长，凑了几个小孩一起把你们送到美术班。

◉ **张萌** 〿

　　我觉得您还是让我看到一位妈妈在持续学习的状态。我印象特别深，周末您一般都不休息，全天上课。

我自己办的创业者教育培训也都是在周末，我在台上讲课，台下坐的都是家长，有时候家长还会把孩子带到现场，孩子会认为自己的父母是相当喜欢学习的，而且周末还在学习。我觉得这种潜移默化的影响是非常巨大的。

◉ **萌妈** ♥

父母的行为很重要，在家庭中扮演的角色不只是父母，父母说什么不重要，做什么才是最重要的。

Q8 您怎么看待我为奥运梦从浙大退学？

◉ 张萌))

我问一个从没问过您的问题，当年我从浙大退学，您意外吗？他们都觉得为了一个奥运会志愿者的梦想，就从浙大退学，然后重新经历高考很痛苦。很多人不理解，您是怎么看待这件事的？

◉ 萌妈 ♥

我赞成你的决定。因为我觉得每个人都年轻过，年轻人的梦想是最有价值的，而且年轻人有梦想一定要去实现。到了我这个年纪再回想过去，总会觉得那个时候的梦想怎么那么珍贵。

你有你的奥运志愿者梦想，妈妈也不能忽略。

◉ 张萌))

　　从 2005 年到现在，17 年的时间，您如何评价我当时的判断？

◉ 萌妈 ♥

　　我认为你无论在哪儿都会很出色。因为你自己的成长是全面发展的，**我认为一个人的人格培养是最重要的**，至于你成不成才，我都不是很在意。

　　到了你创业期间，你好像还是和高考时一样，每天都在备战。我真的很服你，你自律的精神也影响着我，这是真的。像我都快奔 70 岁的人了，在直播和微博上看到你，都觉得你在不断地点燃我、点亮我。

Q9 萌妈是什么时候开始运动的?

◉ **张萌**))

我小的时候没有运动的意识,从 2016 年那年甲状腺多处结节之后,我就开始运动了,到现在已经坚持了五年的时间。您跟我爸是哪一年开始运动的?有什么变化吗?

◉ **萌妈** ♥

我们大概是 2018 年开始运动的,变化也是非常大的,因为运动,我们受益很多。首先是身体健康,整个人的精气神都变了。运动之后,头脑也更清楚灵活,血液循环也好了。

而且我们对孩子、对新生事物愿意接受了,我们原来不太愿意接受新的东西，还是有点顽固。现在觉得**我们应该跟年轻人一样接受新的东西，应该不断地学习**。

◉ **张萌**))

你们是健身房里年龄最大的吗？是一起去健身房健身吗？

◉ **萌妈** ♥

你爸爸应该算是年纪最大的。我们俩愿意一起去，而且带动了其他夫妇一起运动。

Q10 你如何评价你的女儿？

● **张萌**))

我从来没问过这个问题，你是怎么评价你女儿的？

● **萌妈** ♥

我现在这么评价，要抛开母女关系，抛开一切"主观"的东西，我觉得你是很好的引领者。妈妈和爸爸愿意在晚年跟随你学习更多新的东西，我们必须向年轻人学习，只有向年轻人学习了，我们的大脑才能更新。我觉得你是上天赐给妈妈的礼物，因为你让我不断地成长，让我懂得了如何做母亲。通过养育你，我学会了不少东西，自己的性格也改变了不少，**在养育你的过程中，妈妈也由一个学生逐渐成长起来。**

图书在版编目（CIP）数据

从怕学习到爱学习 / 张萌著 .—北京：北京联合出版公司，2022.5
ISBN 978-7-5596-6122-7

Ⅰ.①从… Ⅱ.①张… Ⅲ.①学习兴趣－家庭教育 Ⅳ.① G782 ② G442

中国版本图书馆 CIP 数据核字（2022）第 056089 号

从怕学习到爱学习
作　　者：张　萌
出 品 人：赵红仕
责任编辑：夏应鹏
封面设计：沐希设计

北京联合出版公司出版
(北京市西城区德外大街 83 号楼 9 层　100088)
河北鹏润印刷有限公司印刷　新华书店经销
字数 126 千字　800 毫米 ×1230 毫米　1/32　印张 8.75
2022 年 5 月第 1 版　2022 年 5 月第 1 次印刷
ISBN 978-7-5596-6122-7
定价：55.00 元

未经许可，不得以任何方式复制或抄袭本书部分或全部内容
版权所有，侵权必究
如发现图书质量问题，可联系调换。质量投诉电话：010-82069336